50 JAHRE LSD-ERFAHRUNG

Impressum

Christian Rätsch
50 JAHRE LSD-ERFAHRUNG
Eine Jubiläumsschrift
Der Grüne Zweig 159

Umschlagbild von Christian Rätsch
Satzkonvertierung/Gestaltung: Petra Petzold
Abbildungen vom LSDA (Löhrbacher Spezial Dokumentations Archiv)
Druck: Fuldaer Verlagsanstalt

Verlegt als Joint Venture
von
Nachtschatten Verlag
Ritterquai 2-4, CH-4502 Solothurn
und
W. Pieper's Medienexperimente,
Alte Schmiede, D-6941 Löhrbach
(ab 1.7.93 PLZ 69488)

© alle Rechte bei den Autoren

ISBN 3-925817-59-X

CHRISTIAN RÄTSCH (HRSG.)

50 JAHRE LSD-ERFAHRUNG

Eine Jubiläumsschrift

Zum Gedenken an die Ereignisse
und Folgen des 19. April 1943

Für Albert Hofmann

in tiefer Dankbarkeit
von seinen
bekannten und unbekannten Freunden

Inhaltsverzeichnis

ZUR QUELLE DER SCHÖPFUNG
Hymne an LSD – von Norbert J. Mayer   7

DIE LSD-KULTUR
Eine kulturanthropologische Betrachtung von Christian Rätsch   13

    Das Sakrament: Tau vom Baum der Erkenntnis   17
    Die Erfahrung als Initiation   23
    Von der Straße zum Ritual   24
    LSD-Spiritualität: Das kosmische Bewußtsein   28
    LSD und Kreativität   31
        LSD-Erfahrungen in der Literatur   33
        Psychedelische Kunst   36
        Underground-Comix   39
        Acid Rock & Beyond: psychedelische Musik   41
        Lightshows: Gottesblitze in flüssigen Himmeln   45
        Dreamtheater: LSD auf der Bühne & im Kino   46
    Ein modernes Eleusis: Die Mysterien der Dankbaren Toten   51
    LSD-Schamanen: Die neue Psychiatrie   54
    Einblick   56

LSD-STIMMEN

    50 Zitate von 50 Persönlichkeiten über LSD   59

LSD-BIBLIOTHEK

    Bibliographische Notiz   111
    Auswahl-Bibliographie   113
        Sachbücher und wissenschaftliche Arbeiten   115
        Belletristik, Poesie, Science Fiction, Trivialliteratur   120
    LSD-Discothek   121

ZUR QUELLE DER SCHÖPFUNG

Hymne an LSD
von Norbert J. Mayer

1   Du wagst es
      Gehst auf die Reise
      Gut vorbereitet, ist weise.
      Mit Freunden tut's gut
      In der Hölle, im Himmel und für den Mut.

2   Hefe aus dir quillt
      Ist nicht mehr zu verstecken
      Das Salz der Erde stillt
      Verdorrte Zungen lecken.
      Verkrustung will zerhacken sein
      Dein Leib, der will gebacken sein
      Genüßlich verzehrend
      Sich selbst neu vergärend.

3   So wie der Saft der Traube
      Gepreßt zur Offenbarung
      So wird dein alter Glaube
      Gekeltert zu Erfahrung
      Erst dunkel und dann licht
      Erst trübe und dann rein
      Je nach spezifischem Gewicht
      Bald schwer, bald leicht
      Ist der Zenit erreicht
      Wird er zu bestem Wein
      Der in der Zeit
      Reift hin zur Ewigkeit.

4   Und dann suchst du das Wort
      Das Wort, den Raum, den Ort.
      Es brodelt in der Reagenz
      In jeder Zelle Hochpotenz.
      Es nimmt dich von der Stelle
      Schiebt dich hinein in Gottes Hirn
      An spinnfadendünnem Zwirn
      Auf dem du taumelnd balancierst
      Dann an ihm selbst hinunterseilst

In katatonen Höllen weilst
Und ob du schweißt und ob du frierst
Ob Mensch bleibst, Stein wirst, ob vertierst
Fällst in die fürchterlichsten Stürme
Durchs Elfenbein galaxer Türme
Geschleudert durch den Sesamberg
Von Buddhaschaft und Gartenzwerg.
Erst wenn du aus allen Löchern pfeifst
Dann möglicherweise du Gott begreifst.

5   Stürzt ab als heulendes Gespenst
    Der Leibgeburt, dem Tod entgrenzt.
    Fleisch wieder wuchert ums Gebein
    Du auferstehst im Venusschein
    Mit Circe in Lust die Leiber genommen
    Im ewigen Samowar geschwommen
    In vielen Nächten
    Beim Lieben und Schächten
    Erleuchtend wunderlich verkommen.
    In einer Ecke des Weltalls verstohlen
    Um später endlich tief Luft zu holen
    Mit Tieren, Pflanze, Ding und Stein
    Und der Erde geatmet und allem Sein.

6   Das Wort verloren in dumpfem Lallen
    Mit Luzifer aus dem Lichte gefallen
    Gebete, Flüche um Erhörung
    Verzweiflung, Haß und Selbstzerstörung.
    Zum Lichte drängt jegliche Kreatur
    Die dunkelste Tiefe sucht Dämmerspur
    Ohne Licht ist die Seele gerichtet
    Wird lautlos spurlos vernichtet.
    Nur das Herz des Menschen gibt den Raum
    Für Gott und den Teufel, sich anzuschaun.
    Jetzt jenes Zeichen mit lautlosem Ton
    Im Blau der vorletzten Dimension.

7   Das Sitzfleisch rutscht dir weg
    Gerinnt zu Talk und Speck
    Mit blankem Steiß
    Und höllenheiß
    Blauweiß geputztes Skelett

Auf einem Himmelbett
Und wie in einer Krippe
Mitten im Gerippe
Nördlich vom Sterz
Ein pochend rotes Herz
Der Schöpfung Glockenschlag
Äonennacht, Äonentag.

8   Vermißter Mensch in Katakomben
Selbstbegräbnis unter Bomben
Verwüstetes Elysium
Entartetes Mysterium.
Und deine Krone verschüttet im Herzen
Herausgebohrt, – gewürgt in Schmerzen
Ob nicht, ob einsichtig versöhnt
Was tut's! Du bist zum Gott gekrönt.

9   Ganz unten kommst du im Himmel an
Wer im Wartesaal sitzt, der kommt auch dran.
Gut ist die Zeit dir nicht genutzt
Wenn du nur flackernde Lampen geputzt
Oder Heiligenscheine stolz polierst
Und Möchtegerne dekorierst
Oder Jungfrauen in weiße Särge staffierst.
Auch nicht, wenn du dich im Winde drehst
Und nicht an die Quelle der Schöpfung gehst.

10 Alte graue Zellen
Aufbrechend erhellen
Drusen zerplatzen
Kristallene Katzen
Funkelndes Sprühen
Milchstraßenglühen
Berauscht verzückt
Versetzt verrückt
Prall gefüllt von Schöpfungslust
Weiberschöße, Weiberbrust
Samenströme, Schöpfungstanz
Im göttlichen Wirbel von Glück und Glanz.

11 Verbrüht, verbrannt, verkohlt, verdampft
Was vollgebetet, seelverrußt

Erziehungs- und moralverkrampft
Wird ausgeputzt, der Kern bewußt.
Der Schöpfung Hindernis verbannt
In Pfaffensturz und Staatenbrand.
Sich selbst entwürdigt und entweiht
Fleischfeindlicher Besessenheit
In ihrer faden Blässlichkeit
Und ausgestopften Häßlichkeit.

12 Ruhend an der Schöpfung Quelle
Fern liegt Ichsucht und Gewalt
Aus der Dämm'rung tritt das Helle
Logos nimmt sich die Gestalt
Ungezählt bleibt Art und Wahl
Schönheit ist ihr Ideal
Grazie ihr hoher Mut
Geschmiedet in der eignen Glut.
Dem Geist, der willig, steht zur Seite
Das Fleisch, das weise uns geleite.
Spiele, Tanz und bunte Lieder
Gottbewußtsein taut sich nieder
In den Perlen, Diamanten
Zeichen des noch Unbenannten
Ew'ger Morgen uns geschenkt
Dort triffst du vom Impuls gelenkt
Die erhab'ne Götterspur
Der unendlichen Natur.

Dr. Norbert J. Mayer ist Theaterwissenschaftler, Schauspieler, Kabarettist, Liedermacher, Dichter und Begründer der *Akademie der Neuen Berserker*. Außerdem ist er initiatischer Therapeut und Lebensschüler; Gründer der Lebensschule/München. Zahlreiche Veröffentlichungen, u. a. die vielbeachteten Gedichtbände *Mutter Erde – Meine Liebe* (München, 1991), *Gespräche mit mir und dir* (München, 1992) und *Lebenswege (System-Gedichte)* (München, 1993). Die Hymne (»Sang an die Götter«!) an LSD wurde extra für diese Jubiläumsschrift verdichtet.

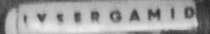

DIE LSD-
KULTUR

Eine kulturanthropologische Betrachtung
von Christian Rätsch

> »Offenheit des Geistes für neue
> Einsichten und Ausblicke der
> Forschung ist die eine der
> Forderungen der Gegenwart.«
> Adolf Portmann
> *Sinnvolle Lebensführung*

»Was soll eine rationalistische, materialistische, ziemlich ungläubige Gesellschaft mit den visionsschenkenden Drogen beginnen? Sollten sie vollständig verboten werden? Wer sollte Zugang zu ihnen besitzen? Der Wissenschaftler für Forschungszwecke? Der Psychotherapeut? Der Philosoph, der seine Denkprozesse zu ergründen wünscht? Der Künstler, der auf erhöhte Schöpferkraft hofft? der Mystiker? der Hedonist?« –

Mit diesen Fragen beendet Dr. Sidney Cohen seine klassische Studie über LSD, The Beyond Within (1964). Diese Fragen werfen eigentlich ein deutliches Schlaglicht auf die Bereiche unserer Kultur, die in den letzten 50 Jahren maßgeblich von LSD-Erfahrungen katalysiert, geprägt oder beeinflußt wurden.

Was ist eigentlich Kultur?

In den modernen Kognitionswissenschaften und im besonderen in der kognitiven Anthropologie geht man davon aus, daß Kultur ein transindividuelles System von Denken, Handeln und von Produkten ist[1]. Das Denken umfaßt das von allen Kulturträgern (Menschen) grundsätzlich geteilte Wertesystem *(belief system)*, alle Konzepte von Wirklichkeit(en) oder Lebenswelt(en)[2], Anschauungen und Visionen. Das Handeln umfaßt alle Verhaltensweisen und Handlungsabläufe, die von den Kulturträgern dem Wertesystem kongruent ausgeübt werden. Die kulturellen Produkte sind in erster Linie die Artefakte, also materielle Objekte, die durchtränkt vom kulturellen Denken, mittels kulturellem Handeln hergestellt, bzw. produziert oder reproduziert werden.

---

[1] vgl. Michael COLE & Sylvia SCRIBNER, Culture & Thought, New York usw.: Wiley, 1974; C. RÄTSCH, Das Erlernen von Zaubersprüchen, Berlin: EXpress, 1985.
[2] vgl. Peter L. BERGER & Thomas LUCKMANN, *Die gesellschaftliche Konstruktion der Wirklichkeit*, Frankfurt/M.: Fischer, 1980.

Kultur wird geteilt von Menschen, den Kulturträgern und -ausübern.

Kultur verbreitet sich durch Diffusion und durch Tradition. Diffusion und Tradition müssen kommuniziert werden, d. h. Kultur ist ein Gewebe von Kommunikation[3]. Kommunikation ist in erster Linie sprachlich, weiter ist sie zeichenhaft. Kommunikation setzt das Verstehen voraus. Ohne Verstehen gibt es keine Verständigung, weder über Worte noch über Zeichen. Zeichen werden erst durch die Kognition und die Re-Kognition, d. h. durch das kulturelle Verstehen, zu Symbolen, die von den Kulturträgern empfangen und verstanden werden können[4].

Was ist eigentlich Tradition? – Was sich bewährt, wird bewahrt. Durch das Bewahren entsteht Tradition. Aus Tradition entsteht Kultur. Auch die Innovation kann zur kulturellen Tradition gehören, man spricht dann von der kulturellen Erneuerung oder kulturellen Evolution.

Nach nunmehr 50 Jahren LSD-Erfahrungen behaupten die konservativen Drogengegner und die Gesetzgeber der Industriestaaten immer noch, daß das Einnehmen von Drogen keine kulturelle Tradition sei und deshalb keinesfalls zu billigen ist. Kulturelle Tradition ist die generationenübergreifende Weitergabe von Denkinhalten und die Fortführung von standardisiertem Verhalten oder Handeln. In diesem Sinne gibt es inzwischen weltweit eine reiche kulturelle Tradition um LSD. Denn durch LSD-Erfahrungen wurden neue Wertesysteme, Anschauungen und Visionen erzeugt, es sind dadurch neue Verhaltensweisen, z. B. Rituale, entstanden und es wurden unzählige kulturelle Produkte, wie Kunst, Musik, Literatur, durch LSD-Erfahrungen manifestiert.

Die durch LSD ausgelöste psychedelische Bewegung hat den Geist des Schamanismus in die westliche Industriekultur zurückgebracht[5]. LSD bewirkte die berühmte »Wiederverzauberung der Welt«.

Die LSD-Kultur ist längst keine Subkultur mehr, längst keine im kleinen Kreise zelebrierte Underground-Kultur mehr. Die LSD-Kultur hat sich im Sinne des morphogenetischen Feldes[6] in alle möglichen Schlupfwinkel der dominierenden Kultur eingeschlichen, dort manifestiert; von dort aus strahlt sie aus und beeinflußt bewußt oder unbewußt alle kulturgenerierenden Institutionen, z. B.

---

[3] vgl. Edmund LEACH, *Kultur und Kommunikation*, Frankfurt/M.: Suhrkamp, 1978.
[4] vgl. Charles W. MORRIS, *Symbolik und Realität*, Frankfurt/M.: Suhrkamp, 1981.
[5] vgl. Michael TUCKER, *Dreaming with Open Eyes: The Shamanic Spirit in Twentieth Century Art and Culture*, San Francisco: Harper, 1992.
[6] vgl. Rupert SHELDRAKE, *Das schöpferische Universum*, München: Goldmann, 1985.

die Kinderstunde im Fernsehen, die Kinowerbung, moderne Operninszenierungen, Discotheken. In der Sprache der Neuzeit sind viele LSD-Ausdrücke[7] zum Standard erhoben worden. Neuerdings ist jeder auf einem *Trip*, der ein bestimmtes Ziel ansteuert. Jeder, der sich mit einer Sache, einem Ding besonders beschäftigt oder dafür interessiert ist ein *Freak*. Jeder wird von allem *angetörnt*.[8]

Essentiell für die LSD-Kultur waren und sind: Sexuelle Befreiung & politische Revolution & kulturelles Rebellentum & mystisches Bestreben & ökologisches Bewußtsein. Die moderne LSD-Kultur verfügt über ein reiches symbolisches Zeichensystem, um im Sinne eines dezentralisierten anarchischen Stammes weltweit, interethnisch und translinguistisch miteinander zu kommunizieren. Von der Warte der beobachtenden Teilnahme und kulturellen Reproduktion ist diese kulturanthropologische Betrachtung geschrieben.

---

[7] Zur liguistischen Innovation im Sinne einer Drogensprache vgl. Richard R. LINGEMAN, *Drugs from A to Z: A Dictionary*, New York usw. : McGraw-Hill, 1969.

Das Sakrament:
Tau vom Baum der Erkenntnis

»Die Drogen sind Schlüssel – sie
werden freilich nicht mehr erschließen,
als unser Inneres verbirgt.«

Ernst Jünger
Heliopolis (1949)

In vielen alten Kulturen und bei den meisten noch übrig gebliebenen traditionellen Stämmen und Naturvölkern gibt es geistbewegende Pflanzen, die als Sakramente religiös verehrt und genutzt werden. Es sind hunderte solcher heiliger »Pflanzen der Götter« bekannt, die seit Urzeiten mit Schamanismus, Heilkunde und psychedelischen Erkenntnisritualen[9] in Verbindung stehen. Meist handelt es sich bei diesen botanischen Sakramenten um Pflanzen, die Wirkstoffe enthalten, die LSD-ähnlich sind (sogar chemisch oder pharmakologisch)[10]. Am Anfang vieler religiöser Befreiungsbewegungen steht eine psychedelische oder berauschende Droge: Soma in der vedischen Kultur, Wein im Dionysos-Kult, Peyote beim *Ghostdance* und der *Native American Church*, Iboga beim Bwiti-Kult, vielleicht sogar der Fliegenpilz am Anfang des Christentums.[11]

Als Albert Hofmann die psychedelische Wirkung des LSD entdeckte, ahnte er noch nicht, daß er damit den Grundstein einer neuen religiösen Befreiungsbewegung, nämlich der psychedelischen, gelegt hatte. LSD wurde für Millionen von Menschen zum Sakrament, zum Tau vom Baum der Erkenntnis. Das LSD, der vollständige Name lautet Lysergsäurediäthylamid, wurde von Albert Hofmann im Jahre 1938 als Modifikation eines natürlich vorkommenden Mutterkorn-Alkaloids synthetisiert[12]. Fünf Jahre später, am 16. April 1943 erkannte Albert Hofmann die unvorstellbare psychische Wirkung. Bei Arbeiten im Labor nahm er eine Spur, einen Hauch auf. Weil er sich plötzlich merkwürdig fühlte, verließ er das Labor und begab sich auf die wohl berühmteste Fahrradfahrt der

---

[9] vgl. C. RÄTSCH, *Von den Wurzeln der Kultur: Die Pflanzen der Propheten*, Basel: Sphinx, 1991.
[10] vgl. Richard SCHULTES & Albert HOFMANN, *Pflanzen der Götter*, Bern: Hallwag, 1980; C. RÄTSCH, *The Dictionary of Sacred and Magical Plants*, Santa Barbara, CA: ABC-CLIO, 1992; Alexandra ROSENBOHM, *Halluzinogene Drogen im Schamanismus*, Berlin: Reimer, 1991.
[11] vgl. Weston LA BARRE, »Hallucinogens and the Shamanic Origins of Religion« in: P. T. FURST (Hg.), *Flesh of the Gods*, S. 261-278, Prospect Hills: Waveland, 1990; Pater T. FURST, *Hallucinogens and Culture*, Novato, CA: Chandler & Sharp, 1976; John M. ALLEGRO, *Der Geheimkult des heiligen Pilzes*, Wien: Molden, 1971.
[12] LSD-25 ist nichts weiter als eine reine Laborbezeichnung, denn LSD war die 25. Substanz in einer Reihe.

Neuzeit. Er fuhr mit dem Velo nach Hause und erlebte die Schrecken und Freuden des ersten LSD-Rausches der Geschichte. Am nächsten Tag ahnte er, daß er etwas LSD zu sich genommen haben mußte. Am 19. April 1943 nahm er erstmals bewußt eine genau abgewogene, ihm mikroskopisch anmutenden Dosis LSD zu sich und konnte damit die ungeheure, nicht gekannte Wirksamkeit dieser Substanz beweisen[13]. Dieser erste bewußte Selbstversuch mit LSD sollte der Anfang der mächtigsten kulturellen Innovation unseres Jahrhunderts werden.

LSD ist eine farblose, geruchlose und geschmacklose Substanz, die in reiner Form als Salz auskristallisiert. Sie ist völlig ungiftig, eine tödliche Dosis für den Menschen ist unbekannt. LSD ist chemisch analog zu bestimmten Neurotransmittern, Botenstoffen in unserem Nervensystem. Außerdem ist LSD chemisch analog zu den Wirkstoffen vieler »Pflanzen der Götter« wie Ololiuqui *(Turbina corymbosa)* und verschiedenen Windenarten *(Ipomoea* spp.; *Morning Glory)*, die traditionell für religiöse, magische und schamanische Zwecke benutzt werden[14]. Die wirksame Dosis von LSD liegt bei 100 γ oder Mikrogramm. Aber schon bei 10 γ können leichte stimulierende Wirkungen auftreten. Bei 200-300 γ können Visionen auftreten, bei 500-1000 γ sind mystische Erfahrungen möglich. Die Menge von 600 γ gilt als *Overwhelming Single Dose* (Grof). Von 30-400 γ werden aphrodisierende Wirkungen berichtet; 50-125 γ erscheinen vielen als »Konzertdosis«. Es gibt im uns bekannten Universum keine andere Substanz, die in einer solch mikroskopischen Dosis derart heftig wirkt! Die Herstellung von LSD ist recht aufwendig und erfordert gute Chemiker.[15] LSD wird in der Szene ausschließlich oral eingenommen, in der Psychiatrie jedoch oft injiziert appliziert.

Von Wissenschaftlern und Laien wurde das LSD verschiedensten Kategorien[16] zugeordnet: es wurde *Phantastikum* genannt, weil es das Phantastische freisetzt und bewirkt[17]; es wurde zu den *Halluzinogenen* gerechnet, zu Stoffen, die Hal-

---

[13] Da diese Geschichte sehr bekannt ist, wird hier auf eine detaillierte Darstellung verzichtet. Am besten lese man dazu von Albert HOFMANN, *LSD – Mein Sorgenkind*, in der erweiterten und korrigierten Neuauflage, die im Frühjahr, rechtzeitig zum Jubiläum, als Taschenbuch bei dtv erscheint.
[14] vgl. R. Gordon WASSON, »Ololiuqui and the Other Hallucinogens of Mexico« in *Homenaje a Roberto J. Weitlaner*, Mexico, D. F.: UNAM, S. 329-348; F. Herbert FIELDS, »*Rivea corymbosa:* Notes on Some Zapotecan Customs«, *Economic Botany* 23(1968): 206-209.
[15] vgl. Michael V. SMITH, *Psychedelic Chemistry*, Port Townsend, Washington: Loompanics Unlimited, 1981, S. 103-137.
[16] vgl. Michael A. BINDER, »The One, The Three, The Seven and the Nine – "A Fantasy Way of Looking at Psychotropic Drugs"« *Jahrbuch für Ethnomedizin und Bewußtseinsforschung*, Bd. 1, 1992, S. 175-187, Berlin: VWB.
[17] nach Louis LEWIN, *Phantastica*, Hamburg: Stilke, 1927; vgl. W. A. STOLL, »Lysergsäure-diäthylamid, ein Phantastikum aus der Mutterkorngruppe«, *Schweizer Archiv für Neurologie und Psychiatrie* Bd. LX, S. 1-45.

luzinationen oder Trugbilder hervorrufen; es galt als *Psychotomimetikum*, weil es angeblich psychoseähnliche oder schizoide, also pathologische Zustände auslösen könne; es wurde *Psychedelikum* genannt, weil es die Seele offenbart und das Bewußtsein erweitert[18]; es wurde als *Aphrodisiakum*, als das mächtigste bekannte, beschrieben[19]; es wurde von Boulevard-Presse und Gesetzgebern als *Rauschgift*, also als ein toxisches Mittel, das einen »ungesunden« Rausch erwirkt, erfaßt; man stellte es in die Gruppe der *Psychopharmaka*, der *psychoaktiven Substanzen* oder der *psychotropen Drogen* – alles φαρμακα, d. h. Heilmittel/Gifte, die das Bewußtsein verändern. Das LSD wurde zu den *Entheogenen*, den Substanzen, die die innere Gottheit erweckt[20], und zu den *Sakraldrogen*, den heiligen Drogen traditioneller Kuluren oder Kulte gezählt.

In der Literatur und in der Szene wurde und wird LSD meist weltweit *Acid* (engl. »Säure«) oder *Trip* (engl. »Reise«) genannt. Mitunter wurde es mit *Lucy* (nach dem Beatles-Song »Lucy in the Sky with Diamonds«), *Alice* (nach Lewis Carrols Roman *Alice im Wunderland*), *Hofmannstropfen* (nach dem LSD-Vater selbst) bezeichnet. Zudem wurden verschiedene Produktionen oder *brands* mit besonderen Namen versehen: *Pure Sandoz, Mescalito, Sunshine, Blue Cheer, Yellow Mellow, Heidelberger Blitze*.

LSD kommt in verschiedenen Marktformen vor: in wässriger Lösung, auf Fließpapier verteilt *(Papers, Löschpapiere)*, in winzige Filzknöpfe gepreßt (sogenannte *Mikros* oder *microdots*), mit einer Trägersubstanz (»stickers«), z. B. in Gelatine *(windows)* oder in Milchzucker verrieben in Kapseln oder Tabletten *(Pillen)*. Die häufigste Marktform ist das Papier.[21] Die Preise (1992) liegen pro Trip um die 10,- DM/SFr.

Die LSD-getränkten Papiere stellen echte kulturelle Artefakte dar. Sie sind mit Zeichen und Symbolen bedruckt, die Einblick in die LSD-Kultur vermitteln. Mit den Symbolen werden Werte und Wirklichkeitskonzepte der LSD-Kultur am deutlichsten zum Ausdruck gebracht. Es wundert wenig, daß vor einigen Jahren (1987) sogar eine Kunstaustellung von LSD-Papieren stattgefunden hat[22]. Die LSD-Hersteller zeigen eine starke Kreativität und schaffen deutliche Bezüge

---

[18] Der Ausdruck wurde 1957 von dem Psychiater Humphrey Osmond geprägt.
[19] vgl. C. RÄTSCH, *Pflanzen der Liebe*, Bern: Hallwag, 1990, S. 194ff.
[20] Der Begriff wurde von R. Gordon Wasson geprägt; er versammelte unter ihm neben dem LSD vor allem die psilocybinhaltigen Pilze.
[21] vgl. Th. GESCHWINDE, *Rauschdrogen: Marktformen und Wirkungsweisen*, Berlin usw.: Spinger-Verlag, 1990, S. 47-73.
[22] Initiert wurde das Projekt von Carlo McCormick; Kontakt über Psychedelic Solution, 33 West 8th St., 2nd Floor, New York, N. Y. 10011, USA. Es gibt auch einen dazugehörigen Ausstellungskatalog, sowie ein echt trippiges Poster.

zwischen der Substanz und den damit verbundenen Vorstellungen und Konzepten. Das symbolische System der LSD-Kultur läßt sich am besten anhand dieser Artefakte erkennen und verdeutlichen.

Die Symbole und ihre Bedeutungen

Trips sind oft mit asiatischen Symbolen bedruckt. Das Daichi oder Yin-Yang-Symbol deutet die kosmische Harmonie, die LSD verschaffen kann, an. Die japanischen Glückzeichen sollen dem LSD-Schlucker Glück auf seiner Reise bringen. Die Lotusblüte weist auf die durch LSD mögliche Erleuchtung. Die acht buddhistischen Glückssymbole zeigen die Nähe der LSD-Kultur zur tibetischen Mystik. Der chinesische Drache verkündet die kosmische Weisheit. Buddha stellt die durch LSD erfahrbare Buddha-Natur dar. Der elefantenköpfige Hindugott Ganesha ist der Gott der Schreibkunst und Weisheit, er gilt als der Überwinder aller Hindernisse und symbolisiert das Vertrauen in die Richtigkeit der Erfahrung; er stellt den Bezug zu dem Ekstase- und Askesegott Shiva (der Vater von Ganesha) her. Der Hindugott Krishna, der hin und wieder auf Trips erscheint, symbolisiert die leidenschaftliche, göttliche Erotik, die sich auf dem Trip einstellen kann.[23]

Vielfach sind auf Trips Symbole aus der Kultur des Alten Ägypten zu sehen. Pyramiden, Skarabäen, Sphinxe, Ankh-Zeichen und Horusaugen werden meist abgedruckt. Pyramiden gelten als Symbole für die Unsterblichkeit, an der der LSD-Reisende oft teilhaftig wird. Mit LSD kann man auch das Rätsel der Sphinx erraten; zwar nicht aussprechen, wohl aber intuitiv verstehen. Der Skarabäus, der Sonnenkäfer, der aus dem Mist Kugeln dreht und sozusagen den alchemistischen Prozeß der Verwandlung von Scheiße in Gold vollendet, ist ein mächtiges Amulett und Schutzsymbol. Das Horusauge ist das Symbol für den Blick in die Ewigkeit und in die inneren Zusammenhänge unserer Welt. Durch das Horusauge werden die verschiedenen Wirklichkeiten kaleidoskopartig zu einer höheren Daseinsschau verdichtet. Besonders stark ist das Auge in der Pyramide. Diesem, vielleicht am weitesten verbreiteten, Tripsymbol ist ein ganzer Romanzyklus[24] gewidmet: *Illuminatus!*

Manchmal findet man Trips, auf die verschiedene Früchte gedruckt sind. Die Eichel soll an die heiligen Bäume (Eiche) und Haine der Heiden erinnern. Die Erdbeere nimmt bezug auf die trippigen Bilderwelten des mittelalterlichen

---

[23] Zur asienbezogenen Hippie-Symbolik siehe Tribhuwan KAPUR, *Hippies: A Study of Their Drug Habits and Sexual Customs*, Sahibabad (Indien): Vikas Press, 1981, besonders S. 146ff.
[24] siehe weiter unten.

Malers Hieronymus Bosch. Dort erscheinen Erdbeeren und erdbeerähnliche Gebilde als Symbole für die Früchte vom Baum der Erkenntnis oder als Symbole der magischen Alraunenfrüchte (Mandragora)[25]. Erdbeeren sind auch in Hans Kruppas psychedelischem Roman *Die fliegenden Erdbeeren* als Symbole einer kosmischen Superdroge verewigt[26].

Auch werden gelegentlich Tiere auf Trips abgebildet. Oft werden Katzen oder Tiger gezeigt, die deutliche Bezüge zur Hexerei, zum Schamanismus und zum Ekstasegott Shiva tragen. Besonders auffällig ist der Oktopus als Trip-Symbol. Er gilt als Beispiel für ein dezentralisiertes, erweitertes Bewußtsein, das in alle Bereiche des Seins seine Arme ausstreckt. In der Tat ist der Oktopus unter den Wirbellosen das weitaus intelligenteste Tier mit einer außergewöhnlich guten Wahrnehmung und beispiellosen Anpassungsfähigkeit[27].

Oft sind Trips mit psychedelischen Mustern bedruckt, also phosphenartigen Strukturen, denen man auf der Reise oft begegnet. Neuerdings gibt es auch Trips mit Fraktalen; sie zeigen die sich selbstorganisierenden LSD-Visionen. Manchmal werden Trips mit magischen Symbolen, die aus der mittelalterlichen Magie und Alchemie stammen, bedruckt; z. B. mit Pentagrammen. Damit werden die magischen Qualitäten des LSD beschworen. Außerdem wird der Bezug zur Hexenwelt hergestellt. Hexen gelten in der LSD-Kultur als weise Frauen, die gut mit psychedelischen Zauberpflanzen umgehen konnten bzw. können (man denke nur an die »Neuen Hexen«!). Die rechtliche Verfolgung der LSD-Genießer hat deutliche Parallelen zur frühneuzeitlichen Hexenjagd[28].

Häufig findet man als Trip-Aufdruck verschiedene Flugobjekte. Flugzeuge sollen den psychedelischen Höhenflug, die Höhe, das *high*, andeuten, während Ufos oder fliegende Untertassen den interstellaren, kosmischen Charakter der LSD-Erfahrung aufzeigen[29]. Ufos werden gerne auf LSD-Reisen gesichtet und betreten. Sie sind der Zugang zum Hyperraum, zur Fünften Dimension. Ufos gelten als Symbole für erweiterte Bewußtseinszustände.

Viele Trips werden mit den typischen Hippie-Symbolen verziert: mit dem Peace-Zeichen, mit der Friedenstaube, dem Pandabären, mit dem Blauen Planeten, aber auch mit astrologischen Symbolen, I Ging-Hexagrammen,

---

[25] vgl. dazu Laurinda S. DIXON »Bosch's "St. Anthony Triptych" – An Apothecary's Apotheosis« in: *Art Journal*, Summer 1984, S. 119-131.
[26] Hans KRUPPA, *Die fliegenden Erdbeeren: Ein verrückter Roman*. München: Goldmann, 1988.
[27] vgl. Jacques-Yves COUSTEAU & Philippe DIOLE, *Kalmare: Wunderwelt der Tintenfische*. München, Zürich: Droemer-Knaur, 1973.
[28] vgl. Angus HALL & Jeremy KINGSTON, *Hexerei und Schwarze Kunst*, Mannheim: MBV, 1979, S. 22f.
[29] zur psychedelischen Ufo-Symbolik siehe Terence McKENNA, *Wahre Halluzinationen*, Basel: Sphinx, 1989.

Tarot-Bildern, geflügelten Augen, Gorbatschow-Portraits. Hiermit werden global wichtige Dinge heraufbeschworen: ökologisches Bewußtsein, kosmische Beziehung und der angestrebte Weltfrieden. – *Make peace, not war!*

Schließlich tauchen unzählige Motive aus der Ikonographie der Grateful Dead auf: Totenköpfe mit Rosen, Knochen, Spaceheads, tanzende Teddybären, Pandas, Schallplattencover, zum Teil in Ausschnitten.

Eine Reihe von Comic-Charakteren wurde auf Trips verewigt: Mickey Mouse als Zauberlehrling, denn der LSD-Schlucker geht auch in die Zauberlehre; sowie weitere Figuren aus den Walt Disney-Zeichentrickfilmen *Fantasia* und *Alice im Wunderland*. Mr. Natural, der erleuchtete Meister von Robert Crumb, und der Joker sowie andere Clownsgesichter deuten den kosmischen Scherz an, der auf LSD schon so manchen Lachkrampf ausgelöst hat.

Die mit YES bedruckten Reispapiertrips erinnern nicht nur an die psychedelische Band gleichen Namens, sie zeigen die tendenziell positive Perspektive der psychedelischen Bewußtseinserweiterung.

Die Erfahrung als Initiation

> »Are you experienced?«
> Jimi Hendrix
> »Yes I Am Experienced«
> Eric Burdon

In traditionellen Kulturen und Geheimgesellschaften gibt es eine Reihe von Initiationen. Das sind Einweihungsrituale oder Übergangsriten, sogenannte *rites des passages*. In diesen Initiationen werden die Initianten, Adepten, Mysten oder Einzuweihenden durch Erfahrungen, die von Drogen oder nonpharmakologischen Verfahren ausgelöst werden, in die Mysterien oder Geheimnisse des jeweiligen Kultes oder der entsprechenden Gesellschaft eingeweiht. Den Initianten wird in der Regel die Schweigepflicht auferlegt. Diese Erfahrungen gelten als richtungsweisend und verändern sowohl den persönlichen als auch gesellschaftlichen Status. Wer die Initiation passiert hat, der *gehört dazu*, ist kein Außenseiter mehr. Die initiatorische Erfahrung wird somit zum sozialintegrativen Moment.[30]

Ganz ähnlich ist es mit der LSD-Kultur. Nur wer einen Trip geschluckt hat, nur wer die Erfahrung gemacht hat, *gehört dazu*, kann mitreden.[31] Es ist im Grunde genommen müßig, zu versuchen, jemandem, der keine psychedelische Erfahrung gemacht hat, davon zu berichten. Es ist als wolle man jemandem, der noch nie einen Orgasmus hatte, beschreiben, wie sich ein Orgasmus anfühlt. Es gibt zwar Leute, die behaupten, sie können das alles – was auch immer damit gemeint sei – ohne Drogen. Aber woher will man wissen, wie ES mit LSD ist, wenn man nie LSD genommen hat? Deshalb auch Jimi Hendrix' Frage: »Bist du erfahren?« – Wenn ja, dann kannst du auch die LSD-Kultur verstehen. Wer kein LSD am eigenen Leibe erfahren hat, sollte besser darauf verzichten, etwas darüber zu sagen. Erwartet man doch auch von einem Menschen ohne Mechanikkenntnisse, daß er sich zu diesem Fachbereich besser ausschweigt.

Treffen LSD-erfahrene Personen zusammen, so können sie sich meist auf einer gleichen Ebene verständigen, sie können über ihre auf Erfahrung begründete Kultur kommunizieren.

---

[30] vgl. Will-Erich PEUCKERT, *Geheimkulte*, Heidelberg: Pfeffer Verlag, 1951.
[31] vgl. Paul WILLIS, »*Profane Culture*« – *Rocker, Hippies: Subversive Stile der Jugendkultur*, Frankfurt/M.: Syndikat, 1981, S. 172-192 (»Die Drogenerfahrung«).

Von der Straße zum Ritual

> »Man könnte sich ein Ritual oder eine Initiation vorstellen, wobei eine ganze Gruppe von Menschen, durch eines der Elixiere in die Andere Welt hinübergetragen, beisammensäße und, zum Beispiel, der *B-Moll Suite* [von J. S. Bach] lauschte und so zu einem direkten, unvermittelten Verstehen der göttlichen Natur geführt wird.«
>
> Aldous Huxley
> *(Brief vom 23. 12. 1955)*

Die LSD-Kultur ist weder im Labor noch im Krankenhaus oder in der Irrenanstalt geboren worden. Sie hat ihren Ursprung in den *Acid Tests*, die Anfang der Sechziger Jahre von Ken Kesey und den Merry Pranksters in Stanford in Kalifornien abgehalten wurden. Der kreative Autor Ken Kesey lernte bei psychiatrischen Experimenten das LSD kennen. Er erkannte darin sogleich das ungeheure Potential, sah das mächtige Werkzeug zur Veränderung der Welt. 1961/62 schrieb er den Weltbestseller *Einer flog über das Kuckucksnest* unter dem Einfluß von LSD, Meskalin und Peyote.[32] Das mit dem Buch reichlich verdiente Geld benutzte er dazu, eine Schar von Freunden in die LSD-Welt einzuweihen. Man traf sich, nahm gemeinsam LSD und kreierte neue Kunstformen und Verhaltensweisen. Diese LSD-Trips wurden Acid Tests genannt, denn man testete LSD – nicht in der psychiatrischen Klinik – sondern im selbstgewählten Umfeld. Die Marry Pranksters entwickelten dabei die Grundlagen für die psychedelischen Lightshows, die bald zum Standardprogramm jeder Rock Show wurden; die Musiker, die später die Band The Grateful Dead gründen sollten, machten auf LSD Musik für sich selbst und die anderen.[33]

Durch die Acid Tests wurde LSD in den USA schnell bekannt. Immer mehr Jugendliche fühlten sich magisch von diesem Stoff angezogen. Zu dieser Zeit war LSD noch legal und in reiner Form erhältlich. LSD löste einen unvergleichlichen Boom aus. Bald wurde an jeder Straßenecke LSD eingeworfen – sehr

---

[32] Dies stellt eines der wenigen Beispiele dar, bei dem ein Kunstwerk unmittelbar unter dem Einfluß der Substanz entstand und nicht im Anschluß daran, inspiriert durch diese Erfahrung.

[33] Die Geschichte von Kesey und den Marry Pranksters ist sehr anschaulich in dem journalistisch innovativen, sowie meisterhaften Tatsachenroman *The Electric Kool-Aid Acid Test* von Tom WOLFE (New York, 1968) – natürlich entsprechend trippig – beschrieben worden.

zum Leidwesen der Polizei, aber auch der User. Die Macht des LSD überfiel die unvorbereiteten Geister, löste Angst und Schrecken aus. Die Geister, die die Zauberlehrlinge gerufen hatten, wurden zu mächtig für sie. Mit dem Trip schluckte man nicht gleichzeitig die Weisheit über den richtigen Umgang damit. Ken Kesey, der als Jesus-artiger Prophet glorifiziert wurde, sorgte sich und sorgte dafür, daß die Leute mehr über den richtigen, d. h. sinnvollen Gebrauch des LSD lernten. Dazu fuhren Kesey und die Marry Prankster mit einem psychedelisch bemalten Bus durch die Lande; der Bus wurde später von den Beatles in ihrem Film *Magical Mystery Tour* porträtiert und wird heute als Sammlungsstück im größten und wichtigsten amerikanischen Museum, dem Smithsonian Institute in Washington D. C. , aufbewahrt. *On the Bus* wurde zum Synonym für »auf dem Trip«. Das Ziel der »ausgefreakten« Tour war Millbrook, das Domizil des Dr. Timothy Leary.[34] Leary war Harvard Professor für Psychologie und entwickelte die wissenschaftliche, heute weltweit anerkannte *Theorie von Dosis, Set und Setting.* Er folgerte aus den vielen Erfahrungen, daß die Qualität einer LSD-Erfahrung wesentlich durch die verabreichte Menge *(Dosis)*, durch die innere Bereitschaft *(set)* und die äußeren Umstände *(setting)* bestimmt werden. Er legte damit eine brauchbare Theorie vor, die später dazu führte, daß LSD von der Straße verschwand und im privaten Setting rituell und gewinnbringend eingenommen wurde.

Es haben sich im wesentlichen in der LSD-Kultur drei Ritualtypen herausgebildet: Rituale zur Selbsterforschung, Partnerschaftsrituale und Gruppen- oder Kreisrituale. Alle drei Formen verlangen ähnliche Vorbereitungen. Das Herrichten des Ortes, die Befreiung von Terminen und gesellschaftlichen Verpflichtungen, das Fasten und vorsorgende Einkaufen von Getränken und Nahrungsmitteln. Meist werden Incense, Weihrauch, indische Räucherstäbchen oder indianisches Sage geräuchert. Bei der Selbsterforschung werden oft geomantische Methoden (I Ging) und Orakelverfahren (Tarot) eingesetzt, seltener magische Praktiken à la Crowley zelebriert. Bei Partnerschaftsritualen steht oft die Erotik im Vordergrund – falls sie nicht von einer zu schweren Beziehungskiste erdrückt wird. Bei Gruppen- oder Kreisritualen geht es um gemeinsame Visionen und soziale Integration[35].

Die meisten LSD-Benutzer haben begriffen, daß die besten Erfahrungen im rituellen Rahmen stattfinden. Damit schließen sie direkt an die Weisheit der traditionellen Völker und schamanischen Kulturen an.[36] Die mexikanischen

---

[34] vgl. Paul PERRY & Ken BABBS, *On the Bus*. New York: Thunder's Mouth Press, 1990.
[35] vgl. Sedonia CAHILL & Joshua HALPERN, *The Ceremonial Circle*, San Francisco: Harper, 1992; Claudia MÜLLER-EBELING & C. RÄTSCH, »Kreisrituale« *Sphinx Magazin* 6/86: 42-47 (1987).

Indianer betonen immer wieder, daß man durch das psychedelische »Fleisch der Götter« (Zauberpilze) nur gesegnet wird, wenn man es im überlieferten Ritual zu sakralen Zwecken zu sich nimmt. Wer es einfach nur so, außerhalb des heiligen Raumes und der heiligen Zeit, nimmt, wird von den Göttern mit Wahnsinn bestraft.[37]

---

[36] vgl. Marlene DOBKIN DE RIOS & David E. SMITH, »The Function of Drug Rituals in Human Society«, *Journal of Psychedelic Drugs* 9(3): 269-275, 1977.
[37] vgl. R. Gordon WASSON, *The Wondrous Mushroom*, New York: McGraw-Hill, 1980.

LSD-Spiritualität:
Das kosmische Bewußtsein

> »Erleuchtung bedeutet das Ende der Verwirrung. Egal wer wir sind, wir alle tragen in uns die Buddha-Natur. Um sie zu verwirklichen, brauchen wir nicht nach etwas zu suchen, sondern bloß wie bei einem verhangenen Himmel darauf zu warten, daß sich die Wolken verziehen.«
>
> Sogyal Rinpoche
> *Tibetischer Lama*

Die Erweiterung des Bewußtseins gehört zu den ältesten Zielen des Menschen. Im Verlaufe der kulturellen Evolution entdeckten Schamanen, Mystiker und Yogis Wege und Möglichkeiten, ihr Bewußtsein in gewöhnlich unerreichbare Räume zu versetzen, Erfahrungen in anderen Dimensionen und göttlichen Lichtwelten auszulösen. Seit Urzeiten steht das erweiterte Bewußtsein mit der Religion und dem mystischen Erleben in Verbindung. Mitunter ist das erweiterte Bewußtsein mit der Gotteserfahrung oder dem kosmischen Bewußtsein gleichgesetzt worden.[38]

Viele Menschen, die LSD-Erfahrungen gemacht haben, berichten von spirituellen Einsichten, von Gotteserfahrungen, von Begegnungen mit Jesus oder Maria, mit der form- und gestaltlosen Transzendenz, kurz mit allen Formen mystischer Verschmelzung. Die meisten Menschen, die solche Erfahrungen erleben durften, haben sich anschließend einer spirituellen Methode verschrieben. Viele haben östliche Wege eingeschlagen, sind sogar als Morgenlandfahrer über den Landweg nach Indien oder Nepal gepilgert, den Ländern, in denen die Erleuchtung noch zur Kultur gehört. Durch LSD-Erfahrungen sind viele auf einen spirituellen Trip gegangen, haben sich exotischen Gurus angeschlossen und ihre Erfahrungen durch zahlreiche Arten der Meditation vertieft. »Wir waren überzeugt, daß wir einen neuen Weg gefunden hatten und mit Hilfe psychedelischer Drogen das Ziel schneller erreichen konnten, als es Hindus oder Buddhisten gelungen war.«[39]
In der LSD-Kultur beginnt der spirituelle Weg mit dem Ziel, nämlich der Er-

---

[38] vgl. William JAMES, *Die Vielfalt der religiösen Erfahrung*. Freiburg iB: Walter, 1979.
[39] RAM DASS »Versprechen und Fallgruben auf dem spirituellen Weg« in: St. & Ch. GROF (Hg.), *Spirituelle Krisen*, München: Kösel, 1990, S. 210.

leuchtung. Deshalb wurde LSD von Arthur Koestler abschätzig »Nes-Zen«[40] genannt. Denn LSD kann nesquickartig zum Satori (= Erleuchtung) führen – muß es aber nicht.

Die philosophischen Grundlagen der LSD-Spiritualität wurden von Alan Watts in seinem höchst einflußreichen Buch *The Joyous Cosmology* gelegt. Dr. Timothy Leary hat mit seinen Harvard-Mitarbeitern Dr. Richard Alpert (der sich später einem Guru zuwandte und sich fortan Ram Dass nannte) und Dr. Ralph Metzner auf der Grundlage des Tibetanischen Totenbuches[41] eine Anleitung publiziert, durch die unter LSD-Einfluß mystische Erfahrungen provoziert werden können. Das Buch trägt den eindeutigen Titel *Die psychedelische Erfahrung*. Später wurden von Leary noch Anleitungen nach den Texten des *Tao te King*[42], des chinesischen Buches von Lao Tse, herausgegeben.

Die mystischen Qualitäten des LSD bzw. der LSD-Erfahrung wurden in den Sechziger Jahren sogar experimentell an der Harvard University von Dr. Walter Pahnke[43] erforscht. Pahnke charakterisiert die mystische Erfahrung wie folgt:

1: *Einheit:* das Gefühl der kosmischen Einheit bedingt durch positive Ich-Transzendenz (»Alles ist Eins«)
2: *Transzendenz von Raum und Zeit,* das Verschmelzen von Vergangenheit, Gegenwart und Zukunft *(Akasha)*
3: Tiefe *positive Stimmung:* Gefühle von Glückseligkeit, Gnade, Friede und Liebe
4: Das *Gefühl von Heiligkeit:* Vergöttlichung von Ich und Du
5: *höchste Wirklichkeitsqualität*
6: *Paradoxie:* die Auflösung von Gegensätzen
7: *Unaussprechlichkeit:* die linguistische Unausdrücklichkeit
8: *Vergänglichkeit des Gipfelerlebnisses bei einer andauernden Nachwirkung*
9: *Bleibende positive Änderungen* in Anschauungen und Verhalten, sich selbst und anderen gegenüber.

Weiterhin stellt er fest, daß diese Erfahrungen sehr häufig bei LSD-Versuchen auftreten. Pahnke, der selbst Theologe war, sieht keinen Unterschied zu sogenannten »echten mystischen Erlebnissen«, die »ohne Drogen« auftreten.

---

[40] vgl. H. KOTSCHENREUTHER, *Das Reich der Drogen und Gifte*, Frankfurt/M. usw. : Ullstein, 1978, S. 57.
[41] vgl. *Das Tibetanische Totenbuch*. Olten: Walter-Verlag, 1971.
[42] vgl. LAO TSE, *Tao te King*. Haldenwang: Irisiana, 1980.
[43] siehe Literaturverzeichnis in der LSD-Bibliothek.

LSD hat im Westen eine unaufhörliche Welle wachsenden Interesses an Spiritualität ausgelöst. Diese Spiritualität drückt sich in verschiedenster Form aus. Für die einen mehr privat, für die anderen gesellschaftlich. So sind dann fast zwangsläufig – typisch amerikanisch – verschiedene LSD-Kirchen entstanden.

The League for Spiritual Discovery, abgekürzt L.S.D., 1966 gegründet von Timothy Leary, verehrte LSD als Sakrament; die Gottesdienste – die Verehrung des Göttlichen im eigenen Selbst – fand im Rahmen der Lightshow statt. Das Dogma hieß »*Turn on, tune in and drop out!*«[44]

The Neo-American Church wurde 1964 von dem Psychologen Arthur Kleps, der sich selbst in bester Ritualclownmanier *Chief Boo-Hoo, the Patriarch of the East*, nannte, ins Leben gerufen. Auch in dieser Kirche wurde LSD als Sakrament verzehrt. Die grundlegende Überzeugung der Gemeinde war der Glaube, daß LSD das Bewußtsein erweitert und daß damit jeder Bürger das religiöse Recht hat, LSD einzuklinken.

Durch LSD haben wir verstanden, daß Erleuchtung und Unio mystica natürliche Erlebnisbereiche eines *jeden* Menschen darstellen. Die Erleuchtung ist eine in jedem Menschen angelegte Funktion des Bewußtseins, die nur durch einen Katalysator (z. B. LSD) ausgelöst werden muß. So gehört die Erleuchtung genauso zum erfüllten Leben wie der Orgasmus. Ohne die einmalige oder häufigere Erfahrung der Erleuchtung gleicht das Leben einer spirituellen Frigidität.

---

[44] Es gab sogar ein Hollywoodfilmprojekt gleichen Namens. Leider ist nur der Soundtrack überliefert.

FATHER OF LSD

Pure

ALBERT HOFMANN

Werner Pieper's MEDIENXPERIMENTE

»Der am meisten unterschätzte Verlag Deutschlands«
ZITAT LUTZ KROTH VOM 2001-VERSAND

Herzlichen Glückwunsch zu diesem Fund! Da unsere Bücher nur selten im Buchhandel vorrätig sind und wir kein Geld und keine Zeit für Werbung haben, gelten wir als immergrüner Geheimtip.

Wie haben Sie uns gefunden?

Durch Mundpropaganda? Gut. Sagen Sie es weiter ...

Hat Sie das Buch, in dem diese Karte lag, begeistert? Sie wollen sich bedanken? Haben Sie Korrekturen oder inhaltliche Verbesserungen anzumelden? Lechzen Sie nach mehr Lesestoff? Sind Sie neugierig, was sich hinter den »Medienexperimenten« verbirgt? Lassen Sie sich unseren **»Wundertüten-Katalog«** (Zitat Radio DRS) zusenden. Hier finden sich Bücher der Reihen **DER GRÜNE ZWEIG** und **RAUSCHKUNDE**.

- ☐ **Rauschkunde/Psychedelik**
- ☐ **Grünes & Natur & Erd-Kunde**
- ☐ **Tabus/Unter der Gürtellinie**
- ☐ **Körper & Bewußtsein**
- ☐ **Selbstversorger Tips**
- ☐ **Subversives & Anarchie**
- ☐ **MultiKulti/Freundschaft**

Bitte ankreuzen, was Sie besonders interessiert

Seit 1994 werden alle Bücher auf Hanfpapier gedruckt.
Außerdem im Katalog:
TRANSMITTER CASSETTEN, LICHTBLICK VIDEOS, HEMPEL STEMPEL und weitere Medien-Schätze.

OK. Geben Sie sich einen Stoß, füllen Sie diese Karte umseitig aus – und ab geht die Post. Keine Bange – wir verkaufen keine Anschriften weiter!

KEINE POSTKARTE!

Bitte mit beigelegtem Rückporto in Briefumschlag einsenden.

GUTSCHEIN

**Werner Pieper's MedienXperimente
Alte Schmiede
D-69488 Löhrbach/Odw.**

Absender:

Diese Karte fand ich in dem Buch:

☐ **JA**, bitte senden Sie mir Ihren aktuellen Wundertüten-Katalog zu. 2,– DM Portoanteil liegen in Briefmarken bei.

☐ Bitte senden Sie mir Ihren HEMPEL STEMPEL Katalog. 1,– DM Unkostenbeitrag liegt in Briefmarken bei.

☐ Ich würde Ihre Publikationen gerne abonnieren. Bitte klären Sie mich über das Grüne Abo auf.

Warum machen Sie nicht einmal ein Buch zum Thema:

LSD und Kreativität

Gewöhnlich wird den Göttern und Göttinnen die Gabe der Kreativität, also das Schöpferische, angetragen. In vielen Mythologien heißt es, die Götter *erdachten* es so und so wurde die Welt... Der schöpferische Prozeß findet im Bewußtsein statt. Wird das Bewußtsein verändert oder erweitert, so verändert oder erweitert sich auch die Kreativität. Allerdings muß ein gewisses Maß an Kreativität vorhanden sein. Denn ein Nichts läßt sich schwerlich erweitern. Es gibt kein größeres Nichts als das Nichts. Aber die Spur von Etwas läßt sich vergrößern.

So macht LSD sicherlich aus niemandem einen kreativen Menschen oder einen Künstler. [45] Wohl aber erweitert es die kreative Möglichkeiten. Die Anlagen des Individuums werden verändert, verstärkt oder zum Erblühen gebracht. Durch LSD kommt noch dazu. Und dieses geheimnisvolle Etwas hat schließlich dazu geführt, von Bewußtseinserweiterung zu sprechen. Man nimmt mehr als gewöhnlich wahr. Also kann man, vorausgesetzt man verfügt über die technischen Mittel, mehr als gewöhnlich ausdrücken. Und dieses *mehr*, oft subtil, und dazu von LSD-Unerfahrenen nicht erkennbar, macht die psychedelische Kreativität aus.

Es ist wie mit der LSD-Erfahrung an sich: Wer sie gemacht hat, kann ihren Niederschlag in Kunstwerken erkennen und würdigen. Diese Wahrnehmungsmöglichkeit nenne ich *Interpretatio psychedelia*. Mit der *Interpretatio psychedelia* können psychedelische Kunstwerke – ganz gleich ob es sich um Literatur, Musik oder Malerei handelt – überhaupt nur als solche erkannt werden. Hier schließt sich aber ein überaus interessantes Phänomen an. Die *Interpretatio psychedelia* funktioniert auch bei Kunstwerken, die hundertprozentig nicht durch LSD-Erfahrungen beeinflußt sind, z. B. die Gemälde von Hieronymus Bosch, die Musik von Richard Wagner oder die Gedichte von Novalis[46]. Es erscheint so, als sei der Künstler *an sich* schon eine psychedelisierte Persönlichkeit[47]. Vielleicht

---

[45] vgl. Oscar JANIGER & Marlene DOBKIN DE RIOS, »LSD and Creativity« in: *Journal of Psychoactive Drugs* 21(1): 129-134, 1989.

[46] Es verwundert deshalb auch nicht, daß die Cover von psychedelischen Schallplatten, z. B. von Pearls Before Swine oder Deep Purple, mit Bosch-Motiven versehen sind; daß musikalische Motive von Wagner in der psychedelischen Musik zitiert werden; und daß sich eine Rockband nach Novalis benannt hat.

[47] So behauptet Frank Zappa, dessen Musik von vielen Acidheads heiß und innig geliebt wird, immer wieder, daß er keine Drogen benutzt, denn er befinde sich sowieso schon jenseits jeglicher normaler Wirklichkeit.

wurden deshalb auch viele Kunstwerke in der Vergangenheit nicht verstanden, weil es für »Normalverbraucher« keinen Zugang zur psychedelischen Welt, zum erweiterten Bewußtsein gab.

Eine umfassende Darstellung der Künste und des LSD-Einflusses darauf könnte zu einem enzyklopädischen Lebenswerk anwachsen. Deshalb seien hier nur ein paar Streiflichter geworfen.[48]

---

[48] Großangelegte Untersuchungen dazu fehlen vollständig!

LSD-Erfahrungen in der Literatur

»Der Dichter wird zum Seher durch ein
langdauerndes außerordentliches und bewußt
geübtes Auseinanderfallen der Sinne.«
Arthur Rimbaud

Daß Drogenerfahrungen ewig gültige Werke der Weltliteratur maßgeblich und ausdrücklich inspirierten, ist nichts neues: das altindische *Rig Veda* und das altpersische *Avesta* enthalten viele Hymnen, die die Superdroge Soma/Haoma verherrlichen[49]. In den Büchern von Thomas De Quincey und Charles Baudelaire werden Opium- und Haschischerfahrungen meisterlich literarisch umgesetzt[50]. Meskalin wurde eindrücklich von Aldous Huxley in *Pforten der Wahrnehmung* und *Himmel und Hölle* gewürdigt.[51] Die Zauberpilze inspirierten seinen utopischen Roman *Eiland*. Auch das Kokain hat eine eigene Literaturgattung, vor allem den Roman von Pitigrilli, hervorgebracht[52]. So auch das LSD.

LSD-Erfahrungen finden sich seit den Fünfziger Jahren in allen Literaturgattungen[53]. Sie tauchen in den unvergleichlichen Erzählungen von Ernst Jünger auf. Sie werden in Gedichten der Beat-Generation, z. B. von Allen Ginsberg, verdichtet. LSD-Erfahrungen werden als simple Selbsterfahrungsberichte oder Therapiebeschreibungen, wie von Constance Newland oder Ka-Tzetnik 135633, vorgelegt. Sogar die Trivialliteratur hat sich der LSD-Erfahrung angenommen, meist im Stile der Bildzeitung in reißerischer Verzerrung voll realitätsferner Vorurteile; das Paradebeispiel ist der Roman *Zum Nachtisch wilde Früchte* von dem Vielschreiber Heinz Konsalik.

Im Science Fiction Genre hat sich am deutlichsten der Einfluß der LSD-Erfahrung auf die Literatur niedergeschlagen. Die in den Sechziger Jahren aufkommede New Wave SF-Literatur ist ohne LSD nicht denkbar.[54] Bis dato waren die

---

[49] vgl. R. Gordon WASSON, *Soma – Divine Mushroom of Immortality*, New York: Harcourt Brace Jovanovich, 1972; *Lieder des Rgveda*, Göttingen: Vandenhoeck, 1913.
[50] vgl. Alethea HAYTER, *Opium and the Romantic Imagination*, Wellingborough: Crucible, 1988.
[51] A. HUXLEY, *Die Pforten der Wahrnehmung*, München: Piper, 1970; *Eiland*, München: Piper, 1984.
[52] vgl. Alfred SPRINGER, *Kokain: Mythos und Realität*, Wien, München: Brandstetter, 1989.
[53] siehe Literaturverzeichnis in der LSD-Bibliothek.
[54] vgl. Brian W. ALDISS, *Der Millionen-Jahre-Traum: Die Geschichte der Science Fiction*. Bergisch-Gladbach: Bastei-Lübbe, 1980.

SF-Schreiber kaum über den Horizont von Perry Rhodan, einer in den Weltraum transportierten faschistoiden Weltsicht hinausgekommen. Mit dem psychedelischen Durchbruch gelangten die von der neuen Welle erfaßten Autoren in den unendlichen Weltraum der Seele, und schufen psychologisch feinsinnige Werke, die sich mehr mit der Zukunft des Bewußtseins, als mit der Perfektionierung der Kriegsmaschinerie beschäftigten. In vielen Science Fiction-Romanen und Erzählungen wurden psychedelische Drogen zu den wichtigsten Katalysatoren zur Wirklichkeitsveränderung. Zu den einflußreichsten und meistgelesenen Autoren der LSD-Kultur gehören Brian W. Aldiss, Philip K. Dick und der zu Recht etwas umstrittene Robert Heinlein. Ihre Werke zählen zweifellos zu den psychedelischen Klassikern der New Wave Science Fiction. Aldiss' *Barfuß im Kopf* und Heinleins *Ein Mann in einer fremden Welt* sind *die* psychedelischen Kultklassiker der LSD-Kultur. Der New Wave der Sechziger vergleichbar hat es in den Achtzigern und frühen Neunzigern eine zweite Welle der neurologischen Erneuerung der drogengeprägten Science Fiction, sozusagen »den postmodernen Wurf«, gegeben: die Cyberpunk Szene. Darin werden psychedelische Drogen, Computertechnologie und Virtual Reality im Erlenmeyerkolben der Neuzeitsprache miteinander verkocht. Stilprägend war William Gibsons *Neuromancer* (1984) und Bruce Sterlings *Schismatrix* (1985). Die Trips der Cyberpunks führen nicht mehr in den Outer Space, nicht mehr in den Inner Space, sondern in den Cyberspace, eine kybernetische Interface-Welt zwischen Computer und Bewußtsein.

Da sich psychedelische Erfahrungen so schwer in Worten ausdrücken lassen[55], sind viele Autoren dazu übergegangen, durch mannigfaltige symbolische Bezüge, durch Metaphern und Parabeln Inhalte von LSD-Erfahrungen rüberzubringen. Dem Autoren-Team Robert Shea und Robert Anton Wilson ist dieses literarische Experiment mit der Trilogie *Illuminatus!* wohl am besten gelungen. Die Kapitel sind nach Trips gegliedert und benannt; unendliche Handlungsstränge sind zerschnitten, werden kaleidoskopartig zusammengefügt und ergeben immer neue Muster von Inhalt, Aussage und Verständnis, die schließlich in einem gigantischen LSD-Trip kulminieren. Wer keine LSD-Erfahrung hat, bekommt echte Schwierigkeiten mit der Lektüre dieses Werkes[56]. Gleiches gilt für die literarischen Experimente von Tom Wolfe, Hunter S. Thompson, Tom Robbins, Michael Moorcock und Philip K. Dick.

---

[55] vgl. Sigi HÖHLE, »Wörter mit Flügeln?« in: *Rausch und Erkenntnis*, München: Knaur, 1986, S. 269-279.
[56] vgl. Dietmar LARCHER & Christine SPIESS (Hg.), *Lesebilder*, Reinbeck: Rowohlt, 1980, S. 84ff.

Psychedelische Kunst

»Die psychedelische Erfahrung kommt durch Drogen oder durch selbstinduzierte Räusche zustande. Ihre malerische Umsetzung folgt der Struktur dieser spezifischen Erfahrung, die zwar anders als Träume und Visionen beschaffen ist, mit diesen Bewußtseinszuständen aber die besagte Ähnlichkeit aufweist.«

Claudia Müller-Ebeling
Malerei im Labyrinth des Innenraumes

Visionen werden seit dem Anfang der Kultur künstlerisch dargestellt.[57] Schon die Höhlenmalereien und Petroglyphen der Frühmenschen tragen visionäre Züge, d. h. es werden Dinge dargestellt, die keine Abbilder der gewöhnlich wahrnehmbaren Welt sind. Kürzlich kam die Theorie auf, daß die Steinzeitkunst durch und durch psychedelisch sei.[58] Von vielen traditionellen Stammesvölkern ist bekannt, daß angestrebt wurde oder wird, eine geschaute Vision bildnerisch darzustellen und sie so mit den Stammesgenossen zu kommunizieren. So haben die Stämme aus den nordamerikanischen Prärien ihre Visionen auf Schilder und Büffelhautumhänge gemalt, damit die Visionen bestehen bleiben und als kulturelle Wirklichkeit weiterstrahlen. Die mexikanischen Huichol-Indianer haben eine besondere Technik entwickelt, um ihre unter Peyote-Einfluß geschauten Visionen darzustellen. Sie nehmen verschieden gefärbte Wollfäden und legen mit ihnen Muster und Motive auf eine glatte, mit Kleber bestrichene Unterlage auf. Dabei entstehen Bilder von starker Ausdruckskraft und fantastischer Farbigkeit. Diese Kunst ist eine Verarbeitung der psychedelischen Erfahrung im wahrsten Sinne des Wortes.[59]

In den Sechziger Jahren ist durch die LSD-Erfahrungen eine wahre Bilderflut über der amerikanischen und europäischen Szene ausgebrochen. Es wurden

---

[57] vgl. Claudia MÜLLER-EBELING, »Psychedelische und visionäre Malerei« in: C. RÄTSCH (Hg.), *Das Tor zu inneren Räumen*, Südergellersen: Bruno Martin, 1992, S. 197-204; siehe auch Marie E. P. KÖNIG, *Am Anfang der Kultur: Die Zeichensprache des frühen Menschen*, Frankfurt/M. usw.: Ullstein, 1981.

[58] vgl. Roger LEWIN, »Stone Age Psychedelia« in: *New Scientist* 8/91: 30-34; Paul DEVEREUX, *Shamanism and the Mystery Lines*, London usw.: Quantum, 1992.

[59] vgl. *Huichol Indian Sacred Rituals*, Oakland, CA: Dharma Enterprises, 1992.

vielen Künstlern durch LSD plötzlich Wahrnehmungen ermöglicht, die es vorher einfach nicht gab. Viele dieser Künstler, die von der konservativen akademischen Kunstgeschichte vollständig ignoriert werden und deren Werke als »Nichtkunst« verachtet, maximal als Dekoration anerkannt werden, schufen einen Stil, der als »psychedelisch« bezeichnet wurde.[60] Das Gemalte wurde eine symbolische Erinnerung an das unter LSD Geschaute. Psychedelische Malerei ist im eigentlichen Sinne religiöse Kunst.[61]

Die meisten Künstler, die von LSD beeinflußt wurden, arbeiteten tatsächlich zunächst als Illustratoren. Meistens illustrierten sie Schallplatten-Cover[62], Buchumschläge, vor allem aber Eintrittskarten und Poster für die Konzerte psychedelischer Rockbands. Ende der Sechziger Jahre sprach man geradezu von der psychedelischen Poster-Kunst, die allerdings erst Jahrzehnte später in der internationalen Kunstszene gewürdigt wurde[63]. Künstler wie Rick Griffin oder Stanley Mouse werden heute als Klassiker[64] gefeiert. Ein Original von Griffin bekommt man kaum unter 100.000 $.

Die Pop Art, die vor allem durch den New Yorker Andy Warhol propagiert wurde, hat auch einen kräftigen Schuß Psychedelik mitbekommen.[65] Selbst ein heute etablierter Künstler wie Ernst Fuchs hat psychedelische Erfahrungen in seinen Werken verarbeitet[66]. Zu den heute meistbeachteten psychedelischen Künstlern gehören Mati Klarwein, Robert Venosa, HR Giger, Helmut Wenske und Alex Grey. Ihre Werke sind die eindrücklichsten und aussagestärksten Kunstwerke der LSD-Kultur[67].

---

[60] vgl. Robert E. L. MASTERS & Jean HOUSTON, *Psychedelische Kunst*, München, Zürich: Droemer-Knaur, 1971.
[61] vgl. *Visions*, Pomegranate Publ., 1977.
[62] vgl. *Das Album Cover Album*, Zürich: Edition Olms, 1985; besonders *Classic Album Covers of the 60s*, Zürich: Edition Olms, 1990.
[63] vgl. *The American Psychedelic Poster*, Ausstellungskatalog Münster (Stadthaus-Galerie) und Köln (Amerika-Haus), 1988; Paul D. GRUSHKIN, *The Art of Rock: Posters from Presley to Punk*, New York usw.: Artabras (Abbeville Press), 1987.
[64] vgl. Gordon McCLELLAND, *Rick Griffin*, New York, 1980; *FREEHAND: The Art of Stanley Mouse*, Berkeley, Hongkong: SLG, 1993.
[65] vgl. *Pop goes Art: Andy Warhol & Velvet Underground*, Ausstellungskatalog, 1990, inkl. Mini-CD von RAUSCH.
[66] vgl. DRAEGER, *Fuchs über Ernst Fuchs*, München, Zürich: Piper, 1977, hrsg. von Richard HARTMANN.
[67] vgl. *God Jokes: The Art of Abdul Mati Klarwein*, New York: Harmony, 1976; *Inscapes: Real-Estate Paintings by Mati Klarwein*, New York: Harmony, 1983; Mati KLARWEIN, *Gesammelte Werke 1959-1975*, Markt Erlbach: Verlag Raymond Martin, 1988; *Noospheres: The Paintings of Robert Venosa*, Petaluma, CA. Pomegranate, 1992; *HR Giger ARh+*, Berlin: Taschen, 1991; WENSKE, *Himlaich: Intrapsychische Malerei*, Dreieich: Abi Melzer, 1978; *Sacred Mirrors: The Visionary Art of Alex Grey*, Rochester, Vermont: Inner Traditions, 1990.

Aber nicht nur Maler und Zeichner wurden durch LSD-Erfahrungen inspiriert. Es entwickelte sich schon in den Sechzigern eine psychedelische Photographie. Sie zeichnete sich durch ungewohnte Perspektiven, Verzerrungen, Doppelbelichtungen und Strukturaufnahmen aus[68]. Besonders die Schallplattenindustrie hatte ein großes Bedürfnis nach trippigen Photos ihrer unter Vertrag genommenen psychedelischen Bands. Sehr beliebt waren Aufnahmen der Bands durch ein Fischauge oder ein ähnlich extremes Weitwinkelobjektiv (z. B. Jimi Hendrix, Rolling Stones, Captain Beefheart). Die Veränderung des Blickwinkels durch die Mechanik entsprach der Erweiterung der Sinne durch das LSD. Ein modernes Beispiel psychedelischer Photographie sind die Mandala-Photos des Berliner Photographen Harry Cane[69].

Die seit der Entdeckung der Fraktale aufblühende Computerkunst ist nicht unbedingt durch psychedelische Erfahrungen inspiriert, unterliegt aber total der *Interpretatio psychedelia*. Fraktale Kunst wird von jedem LSD-Psychonauten als extrem psychedelisch wiedererkannt. Sollte die psychedelische Wahrnehmung nichts weiter als die fraktale Struktur unseres Bewußtseins offenbaren?

---

[68] vgl. »Brain Damage – Sorcery as Art« in: *Avantgarde* 5: 52-60, 1968.
[69] vgl. Helmut OBERLACK, »Ein Künstler im Kreis – Mandala Fotographie« in: *Dao* 3/92: 44-47.

Underground-Comix

»Ich glaube, Comics könnten
sehr viel Gutes tun, um Jugendlichen
zu helfen, die Gefahren der
Drogen zu vermeiden.«

Stan Lee

Comics sind ein Kommunikationsmittel, das Sprache mit Bildern in Verbindung bringt und dadurch Informationsstrukturen, die Verbales und Nonverbales, sich gegenseitig ergänzend, in sich vereinen. Auch wenn man zuweilen die Felsbilder der Steinzeit als erste Comic Strips sehen möchte, ist doch einer der maßgeblichen Erfinder des Comics Wilhelm Busch (19. Jh.) gewesen. Aber eigentlich ist der Comic Strip ein echtes Kind des 20. Jahrhunderts. Er ist ein absolutes Massenmedium und dadurch von besonderer kultureller Relevanz.[70]

Waren die Comics zunächst harmlose Bildergeschichten, die Kinder und Jugendliche zum Lachen bringen sollten, hat sich das Medium bald in unendlich vielen Formen weiterentwickelt. Als sich in den Sechziger Jahren die psychedelischen Drogen verbreiteten, entstanden als Reaktion darauf *Comix* (mit *x* anstatt mit *cs*), die von der staatlichen Zensur gebannt wurden[71]. Sie galten als drogen-, sex- und gewaltverherrlichend und durften nur an Erwachsene verkauft werden. Weil sie nur unter dem Ladentisch zu haben waren, und weil sie ganz offensichtlich direkt mit der psychedelischen Szene in Verbindung gebracht wurden, bzw. aus ihr herausquollen, nannte man sie fortan Underground Comix, kurz U-Comix. Einer der ersten Comix-Künstler, der mit LSD experimentierte und die gemachten Erfahrungen zeichnerisch umsetzte, war Robert Crumb, der mit seinen *Headcomix* echte Prototypen und Klassiker geschaffen hat. Ihm folgte Gilbert Shelton, der die *Fabulous Furry Freak Brothers*, Archetypen der psychedelischen Freakszene, kreierte. In diesen Comix werden vor allem die humoristischen Aspekte der LSD-Erfahrung verdeutlicht (z. B. *The Fourty Year Old Hippie*). Es entstanden sogar eine Reihe von U-Comix-Magazinen, z. B. *Amazing Dope Tales, Zap, Weirdo Comix, Dope Comix, Brain Fantasy, Rip Off Comix*.

---

[70] vgl. Wolfgang J. FUCHS & Reinhold REITBERGER, *Comics: Anatomie eines Massenmediums*, Reinbek: Rowohlt, 1973; dies., *Comics-Handbuch*, Reinbek: Rowohlt, 1978; Günter METKEN, *Comics*, Frankfurt/M.: Fischer.
[71] vgl. *Comics: Kunst und Konsum der Bildergeschichten*, Reinbek: Rowohlt, 1978, S. 100.

In den U-Comix werden meist paranoide LSD-Erfahrungen dargestellt und persifliert. Häufig erscheint die angstvolle Ichauflösung. Für den Comix-Genießer bietet der Lesespaß eine quasi-therapeutische Möglichkeit, eigene Ängste zu erkennen und abzubauen.

Neben den direkten LSD-Verarbeitungen entstanden fantastische Comix mit dem Flair der New Wave Science Fiction. Besonders herausragend waren Comix-Künstler wie Caza *(Die Träume des Caza)*, Richard Corben *(Neverwhere)* und Moebius *(John Difool und der Incal)*. Aus ihrem Umkreis ging die Underground-Comix-Zeitschrift *Heavy Metal* hervor *(Metal Hurlant* in Frankreich; *Schwermetall* in Deutschland). Praktisch alle Beiträge können mit der *Interpretatio psychedelia* gelesen und verstanden werden. Aus diesen Comix ist später der Zeichentrickfilm *Heavy Metal* (1981) entstanden. Die Musik stammte natürlich von Heavy Metal Bands (wie Black Sabbath, Blue Oyster Cult, Journey). Es wundert wenig, daß auch der *Neuromancer* von Trom de Haven und Bruce Jensen in Comix-Form aufbereitet wurde

Viele Underground-Comix-Künstler waren ebenfalls als Schallplattencover-Gestalter tätig. Allgegenwärtig ist die Querverbindung zur Rockmusik.[72] Meist handelt es sich um die Alben psychedelischer Bands; so hat Robert Crumb das Cover für Big Brother and The Holding Company *(Cheap Thrills)* gezeichnet, Gilbert Shelton hat ein Grateful Dead-Cover *(Shakedown Street)* illustriert, Philippe Druillet hat Jimi Hendrix' französische Ausgabe von *Electric Ladyland* gemalt.

---

[72] vgl. Eckart SACKMANN, *Undercover: Comiczeichner gestalten Schallplattenhüllen,* Hamburg: COMICplus+, 1992.

Acid Rock & Beyond: Psychedelische Musik

»Es gibt praktisch keine große Rockband,
die nicht direkt oder indirekt durch
LSD beeinflußt wurde und in einem
oder mehreren Songs diese
ekstatischen Erlebnisse lobpreist.«

Ralph Metzner
The Ecstatic Adventure

Den Schamanen, den Bewußtseinskünstlern archaischer Völker, gilt die Trommel als Reittier in andere Wirklichkeiten. Sie setzen sich auf den Rhythmus und fliegen in den Himmel oder reisen in die Unterwelt. Der Trommelrhythmus ist ihnen der Ariadnefaden durch die Labyrinthe des menschlichen Bewußtseins.[73] Musik ist schon immer ein Tor in den inneren Raum gewesen; man denke auch an die Sakralmusik des Rokoko oder die Programmsymphonien des 19. Jahrhunderts. Die Ayahuasqueros in Amazonien benutzen Flötenmelodien und Gesänge, die unter Ayahausca-Einfluß bestimmte Muster generieren, die später als dekorative Elemente auf Gegenständen des Alltagslebens (Töpferwaren, Stoffe) angebracht werden.[74]

In keiner Kunstform manifestierten sich Drogenerfahrungen im allgemeinen und LSD-Erlebnisse im besonderen so deutlich wie in der Musik. Mitte der Sechziger Jahre entstand eine Musik, die als *Psychedelic Rock*, als *Acid Rock* oder auch als *Head Rock* in die Musikgeschichte eingegangen ist.[75] Die Musiker nahmen unter LSD-Einfluß Töne und Klänge wahr, die gewöhnlich unhörbar sind. Diese Ton/Klangfarben flossen in ihre Musik ein. Zudem wurden die LSD-Erfahrungen in den Texten der Songs besungen. Die frühesten musikalischen LSD-Verarbeitungen in den USA stammten von Bob Dylan, The Grateful Dead, Jefferson Airplane und The Byrds. Bob Dylan schrieb den Song »Mr. Tambourine Man«, und die Grateful Dead schufen ihre Musik während der Acid Tests direkt unter LSD-Einfluß. Die Byrds haben in vielen ihrer Songs LSD-Erfahrungen be-

---

[73] vgl. Heino GEHRTS, »Die Schamanentrommel« in: Hans FINDEISEN, *Die Schamanen*, Köln: Diederichs, 1983, S. 126-136; Mickey HART mit Jay STEVENS, *Die magische Trommel*, München: Golmann, 1990.
[74] vgl. Fred KATZ & Marlene DOBKIN DE RIOS, »Whistling in Peruvian Ayahuasca Healing Sessions« in: *Journal of American Folklore* 84(333): 320-327, 1971.
[75] vgl. Tibor KNEIF, *Sachlexikon Rockmusik*, Reinbek: Rowohlt, 1978, S. 159f.

schrieben; schon die Titel verraten den psychedelischen Hintergrund: *Eight Miles High, Fifth Dimension, Mind Garden, Turn! Turn! Turn!, Mr. Spaceman.* David Crosby hat nach eigener Aussage nur komponiert und gespielt, wenn er *high* war (entweder mit LSD oder Marijuana).[76]

In England stammten die frühesten LSD-Verarbeitungen von den Beatles. In dem *Revolver*-Song »Tomorrow Never Knows« (1966) wurde aus Leary's Buch *Die psychedelische Erfahrung* wörtlich zitiert. »Yellow Submarine« war ein Symbol für den Trip in andere Wirklichkeiten – besonders nach der fantastischen Zeichentrickverfilmung (1969). Mit *Magical Mystery Tour* (1967) schufen die Beatles das erste LSD-inspirierte Konzept-Album; in *Sgt. Peppers* (1967) wurde dieser Stil perfektioniert.[77] Übrigens wurden beide Alben von den Beatles selbst verfilmt.[78] John Lennon hat schließlich Timothy Leary's Wahlkampfslogan »Come Together« übernommen und musikalisch in alle Welt getragen.[79]

Mitte bis Ende der Sechziger Jahre entstanden Hunderte von Bands, die *Psychedelic Punk*[80] oder *Acid Rock* spielten. Oft hatten schon die Namen der Bands, der Schallplatten oder der Songs eine psychedelische Botschaft – offensichtlich oder kryptisch. So nannte sich die erste Heavy Metal Band der Geschichte nach dem berühmten Owsley-LSD *Blue Cheer*, »Blaue Laune«. Jimi Hendrix nannte seine Band *Experience*, »Erfahrung«, und bezog sich dabei auf die LSD-Erfahrung. Sein Hit »Purple Haze« – übrigens von Robert Crumb als Comix verzeichnet – war nicht nur eine Trip-Beschreibung; der Name war eine gängige LSD-Bezeichnung zu dieser Zeit.

Manchmal wurde unter dem Einfluß von LSD gespielt – meist aber zum Leidwesen der Zuhörer. Denn oft ließen sich die Musiker auf ihrer Schamanentrommel davontragen und ließen Band und Publikum weit hinter sich. Häufiger wurden LSD-Erfahrungen als Inspiration für neue, ungewohnte Klänge genutzt. Solche Klänge ließen sich erst mit der Erfindung des Synthesizers realisieren. Anfang der Siebziger Jahre wurde dann der Synthesizer *das* psychedelische Instrument schlechthin. Er erzeugte einen orchestralen Klangteppich, der sich wie ein orientalischer fliegender Teppich gebrauchen ließ. Nach dem Motto: Drauf auf den Sound und ab geht die Post! – Die großen psychedelischen

---

[76] vgl. David CROSBY & Carl GOTTLIEB, *Long Time Gone*, New York usw.: Doubleday, 1988.
[77] vgl. James DRAPER, *Sources of Psychedelic Imagery in Rock Music of the late Sixties*, Silverado Canyon, CA: Red Dragon Press, 1988.
[78] vgl. Jürgen STRUCK, *Rock Around the Cinema*, Reinbek: Rowohlt, 1985, S. 93; siehe auch die TV-Dokumentation *The Making of Srgt. Pepper* (BBC, 1992).
[79] Dieses LSD-Gedankengut wurde jüngst von einem Zigarettenhersteller als Werbespruch mißbraucht...
[80] vgl. Greg SHAW, *Bomp!* Reinbek: Rowohlt, 1982, S. 195-200.

Bands dieser Zeit waren Pink Floyd, Yes, Gong und Hawkwind; in Deutschland Guru Guru, Can, Faust und Amon Düül II.[81]

In den Achtziger Jahren kam die Acid House Bewegung. Bei riesigen Massenveranstaltungen (*rave parties*) wurden von Computern gesteuerte Rhythmen auf das Publikum, das mit LSD und/oder MDMA vollgepumpt war, abgefeuert. Bald war das Computergedröhne unbefriedigend, und man kombinierte die hämmernden Sounds mit elektrischen Gitarren und menschlichen Stimmen. Dabei kam der Rave heraus (von Bands wie Primal Scream, Happy Mondays, Stone Roses). Damit wurde die große Renaissance der psychedelischen Musik eingeläutet. Ende der Achtziger und Anfang der Neunziger wurde LSD wieder öffentlich besungen, ganz so wie in den frühen Sechzigern. LSD, aber auch alle anderen Drogen, haben die Charts wieder erobert. Eine neue Welle der LSD-Kultur schwappt durch die musikalische Landschaft. Diesmal ist es kein einheitlicher Stil wie der Acid Rock. Heute dient jeder Stil als Medium zur Kommunikation der LSD-Kultur, ganz gleich ob es sich um House/Industrial (z. B. Ministry), Heavy Metal (z. B. Acid Drinkers, Animal Bag), Wave (z. B. The Cocoon), Independent (z. B. Rausch), Hardrock (z. B. Drop Acid), Death Metal (z. B. Atrocity), Tekkno (z. B. Lords of Acid), Alternative (z. B. Alice in Chains, Mudhoney), Dancefloor Pop (z. B. The Shaman), Crossover (z. B. Slovenly), New Age (z. B. Solitaire), Jazz (Acid Jazz), Reggae Toasting, Dub, Hardcore/Punk (z. B. Angry Samoans), Hiphop (z. B. Space Cowboys), Country & Western (z. B. Eugene Chadbourne) oder was auch immer handelt. Selbst die alten Haudegen wie The Byrds, The Pretty Things, Yes und Hawkwind bejubeln das LSD in neuen Songs oder modernen Fassungen ihrer alten Hymnen.

Wer immer noch nicht weiß, was psychedelische Musik ist, der gehe in ein Kaufhaus und frage nach der Kategorie »Psychedelic«. Wer wissen möchte, was aus der Schamanentrommel geworden ist, der höre sich *Psalm 69* von Ministry (1992) an. Rockmusik und Drogen gehören zusammen wie Mann und Frau. Das eine ist ohne das andere nicht denkbar[82]. Der Song »Sex and Drugs and Rock 'n Roll« von Ian Dury wirkt wie das Programm der gesamten Geschichte der Rockmusik.[83]

---

[81] vgl. Raoul HOFFMANN, *zoom boom*, München: dtv, 1974.
[82] vgl. Harry SHAPIRO, *Waiting for the Man: The Story of Drugs and Popular Music*, London, New York: Quartet Books, 1988.
[83] 1991 ist eine Theaterperformance unter dem Titel *Sex, Drugs, Rock & Roll*, geschrieben und gespielt von Eric Bogosian, in Boston uraufgeführt und von John McNaughton verfilmt worden (Avenue Pictures).

Lightshows: Gottesblitze in flüssigen Himmeln

Lichteffekte wurden schon in antiken Tempelanlagen von der Priesterschaft eingesetzt, um die Nähe des Göttlichen den Besuchern der Opferhandlungen, der Orakel oder der Mysterienfeiern zu zeigen. Besonders in dem geheimnisvollen Mitraskult wurde raffiniert mit Lichtern und rhythmischer Musik gearbeitet.[84]

Als Ken Kesey seine Acid Tests abhielt, begannen die Marry Pranksters mit Lichtern zu experimentieren. Während LSD-Erfahrungen sieht man oft Blitze, Erleuchtungsblitze vielleicht, kaleidoskopähnliche Farbenspiele, zerfließende Farben, sprudelnde Buntheit. Die Pranksters versuchten, diese Lichterscheinungen der Innenwelt mit den technischen Mitteln der Außenwelt nachzuahmen. Dabei erschufen sie die Grundlagen für die *psychedelic lightshows*, die fortan jedes Rock-Konzert begleitete und in die Discotheken aller Welt einzogen. Die Pranksters entwickelten vor allem das Stroboskop, eine Blitzanlage, die in äußerst kurzen zeitlichen Abständen Reihenblitze aussendet. Der Strobo-Effekt ist phänomenal. Alles was sich darunter bewegt wird optisch zerhackt. Kombiniert mit anderen farbigen Lichtern wird ein wirklich LSD-ähnlicher Effekt erzeugt.[85]

Oft wurden bei den frühen Lightshows Dias benutzt, in denen sich Farben in verschiedenen, sich nicht vermischenden Lösungsmitteln befanden. Durch die Hitze des Projektors kamen diese Farben in Wallungen und flossen über Leinwände und Tanzende. Später kamen mit fortschreitender Technologie Laserinstallationen und computergesteuerte Lichtanlagen hinzu. Manche Band (z. B. die Grateful Dead, Nektar, Rausch und Monster Magnet) beschäftigt ein Mitglied, das nur für die Installation der Lichter verantwortlich war oder ist.

Die Lightshow ist eines der wesentlichen Produkte der LSD-Kultur, das aber mit großem Interesse von der Mainstreamkultur aufgesogen wurde. In Millionen Discotheken tanzen jede Nacht Menschen, die vielleicht noch nie etwas von LSD und den Marry Pranksters gehört haben, zu der Musik unter der obligatorischen Lightshow.

---

[84] vgl. Manfred CLAUSS, *Mithras: Kult und Mysterien*, München: Beck, 1990.
[85] vgl. Tom WOLFE, *Unter Strom*, München: Knaur, 1991.

Dreamtheater:
LSD auf der Bühne & im Kino

> »Ein ganz wesentliches Moment, durch das der Schamane seine Umwelt beeinflußt, ist seine Fähigkeit zur Schauspielerei, zum Theater, zur Dramatik. Seine schauspielerische Leistung liegt in der, in und durch Trance erreichten, fast vollständigen Identifikation mit den 'Bildern'.«
>
> Andreas Lommel
Schamanen und Medizinmänner

Seit der mittleren Steinzeit verkörpern Schamanen die Mächte der Natur, die Tiergeister und die Götter. Tanzend, mit Trommeln und Rasseln begleitet, oft in Tierfelle gehüllt und unter Masken verborgen, spielen sie den Stammensgenossen die Mythen ihrer Lebenswelt vor. Die mythischen Bilder werden so für Schauspieler und Zuschauer lebendig, wirksam und wirklich.[86]

Dieses schamanische Treiben hat in archaischer Zeit seinen Ausdruck in den Orgien und den frühesten Mysterienspielen des Dionysos (Dionysien oder διονυσιακα) gefunden. Dionysos (auch Bacchos oder Bacchus) war ein schamanischer Gott, der aus dem nahen Orient in die griechische Welt einzog.[87] Er war der Gott der Ekstase und Raserei, der Transformation und Tierverwandlung, der zügellosen Erotik, der trancehaften Musik, der wilden Natur, der in Gärten gehegten Fruchtbäume und Rauschmittel, besonders des Weines, der so manches psychoaktive Gewürz[88] enthielt und mit psychedelischen Pilzen oder Fliegenpilzen[89] aufgebessert war. Dionysos war aber auch der Gott der Jahreszeiten, der immerwährenden Erneuerung des Lebens, der üppigen Fruchtbarkeit, des wonnevollen Friedens und des glücklichen Goldenen Zeitalters. Er war einer der ersten Morgenlandfahrer, denn sein Siegeszug führte ihn bis nach Indien. Er war hauptsächlich ein Erlöser und ein Beschützer der Bauern und Kelterer. Sein Kult war die Einweihung in die Geheimnisse der Natur (so die »Orphischen Mysterien«) und eine religiöse Verehrung des Schönen. In

---

[86] vgl. A. LOMMEL, *Schamanen und Medizinmänner*, München: Callway, 1980, S. 201ff.
[87] vgl. Marcel DETIENNE, *Dionysos – Göttliche Wildheit*, Frankfurt/New York: Campus, 1992.
[88] vgl. Carl A. P. RUCK, »The Wild and the Cultivated: Wine in Euripides' *Bacchae*« in: *Journal of Ethnopharmacology* 5: 231-270, 1982.
[89] vgl. C. RÄTSCH, *Pflanzen der Liebe*, Bern, Stuttgart: Hallwag, 1990, S. 108-115.

Athen wurde Dionysos der Gott des Theaters und damit der bedeutsamste Exponent der städtischen Hochkultur[90]. Das Theater wurde sein Schauplatz. ΕΘΟΙ!

Der Ursprung des europäischen Theaters liegt in Griechenland[91]. Allgemein gilt der mit einem Gegensprecher versehene Athener Chor, der zu Ehren des Dionysos sang und tanzte, als der Beginn des dionysischen Theaters (ca. 550 v. Chr.). Später wurden noch weitere Sprecher integriert. Diese Satyrspiele, Tragödien (»Spiele um den Bock«) und Komödien (»Spiele im festlichen Schwarm«) wurden in rhythmischen Sprechgesängen rezitiert und von den Instrumenten des Dionysos – Pauken und oboenartigen »Flöten« – begleitet. Dargestellt wurden meist Episoden aus den alten Göttermythen. In den *Bakchen* von Euripides (5. Jh. v. Chr.)[92] werden sogar die rauschhaften dionysischen Mysterien selbst schauspielerisch angedeutet. Die Zuschauer sollten durch den Theaterbesuch in Geheimnisse (»Mysterien«) eingeführt werden, die sich durch die künstlerische Gestaltung (das »Drama«) am besten vermitteln ließen. So war das Publikum ursprünglich eine Kultgemeinde, die in den Theateraufführungen die von ihnen geteilten Werte auf höchste eindrückliche Art lebendig manifestiert sahen.[93]

Ähnlich bedeutsam wie das Theater für den Dionysos-Kult waren die Musicals der sechziger Jahre für die psychedelische Bewegung. Das erste Musical, durch das LSD auf die Theaterbühnen gebracht wurde, war *Hair* (1968). *Hair* ist das deutlichste Manifest, das eindrucksvollste Produkt der LSD-Kultur.[94] Am Anfang wird das *New Age*, das Neue Zeitalter, das astrologische Wassermann-Zeitalter, *The Age of Aquarius*, verkündet[95]. Die Hippies werden als *Tribe*, als »Stamm« charakterisiert. Gleich darauf werden die Vorzüge der psychedelischen Drogen (Haschisch, LSD, STP, DMT, Pilze) gegenüber dem schädlichen Alkohol aufgezählt. Eine Lobeshymne auf LSD reiht sich an die nächste. Die Werte der Hippies – Frieden, sexuelle Freiheit, psychedelische Erkenntnis, lange Haare, bunte Kleidung – werden besungen. Die von Indien ausgehende Spiritualität wird mit *Hare Krishna* gewürdigt. Am Ende, nach zahlreichen Protesten gegen

---

[90] vgl. Reinhold MERKELBACH, *Die Hirten des Dionysos*, Stuttgart: Teubner, 1988.
[91] vgl. W. DÖRPFELD & E. REISCH, *Das griechische Theater*, Aalen: Scientia Verlag, 1966.
[92] 1987 hat der Avantgarde-Komponist Harry Partch eine moderne Adaptation der *Bakchen* erschaffen (»*Revelation in the Courthouse Park*«; Tomato Records, 1989), die in Instrumentation, Rhythmik und Metrik eine Ahnung der antiken Aufführungen zuläßt.
[93] vgl. Marvin W. MEYER, *The Ancient Mysteries: A Sourcebook*, San Francisco: Harper & Row, 1987, besonders die Seiten 61-109.
[94] Das Buch zu *Hair* wurde von Gerome Ragni, dem Initiator des legendären Woodstock-Festivals, das auch verfilmt wurde (1970), verfaßt.
[95] Das Wassermannzeitalter galt als die Möglichkeit einer globalen Neuorientierung; vgl. Marilyn FERGUSON, *The Aquarian Conspiracy*, zu deutsch *Die sanfte Verschwörung*, Basel: Sphinx, 1982.

den Vietnam-Krieg und schmerzlichen Verlusten ertönt der vielleicht berühmteste *Hair*-Song: *Let the Sunshine In*. Der in doppelter Hinsicht positive Text ist naturgemäß doppeldeutig: zum einem wird der Sonnenschein angerufen, zum anderen war *Sunshine* der Name für eine damals weit verbreitete LSD-Sorte. Das Musical war ein Riesenerfolg. Es wurde nicht nur in New York gezeigt; Aufführungen in allen großen Städte der USA und Europas (London, Paris, Hamburg) folgten. In Deutschland gab es sogar eine deutschsprachige Fassung unter dem ziemlich blöden Titel *Haare*. Die Aufführung war ein schöner Skandal. Drogenverherrlichung und nackte Leiber! *Hair* erlebte bis heute zahllose Aufführungen. 1979 hat Milos Forman das Musical verfilmt; ein neuer Soundtrack wurde eingespielt. In dem Film beeindruckt vor allem die Darstellung eines LSD-Trips in einer Kirche. Der Kino-Film war ein weltweiter Erfolg – selbst das Deutsche Fernsehen hat ihn mehrfach wiederholt.

Ein weiteres Musical der psychedelischen Bewegung war *Jesus Christ Superstar* (1970). Dieses Kunstwerk von Tim Rice und Andrew Lloyd Webber wurde sicherlich durch die Jesus-Trips vieler Leute, möglicherweise sogar die der Texter/Komponisten stimuliert. Die Musik war vom Acid Rock inspiriert; die Darsteller stammten aus der psychedelischen Szene. Jesus erscheint in einem neuen, modernisierten Licht – ganz so, wie es sich die kirchenlosen, undogmatischen Jesus-Freaks wünschten. War in *Hair* noch der heidnisch-dionysische Trieb lebendig, so war *Jesus Christ Superstar* eher mit den leicht-frivolen Passionsspielen des späten Mittelalters, als Ablösung der dionysischen Tragödie, zu vergleichen.[96]

Die britische Rockband The Who schuf 1970 die Rockoper *Tommy*. Der größte Teil des Textes und der Musik stammte von Pete Townshend. Das Werk wurde maßgeblich durch Townshends LSD-Erfahrungen geprägt. Die Story dreht sich um Tommy, der durch ein traumatisches Erlebnis blind, stumm und taub wird. Er wird durch die verschiedensten Methoden transformiert, und befreit schließlich sein eingekapseltes inneres Selbst. Seine Eltern und Anhänger stilisieren ihn zum Guru. Millionen von Menschen in aller Welt wollen sein Schicksal nacherleben und dadurch zur geistigen Freiheit gelangen. Der Plan scheitert natürlich, denn jeder muß seinen eigenen Weg zur Erleuchtung finden. In einer Szene der Oper wird Tommy zur Acid Queen, einer psychedelischen Hexe, gebracht. Sie flößt ihm LSD ein und überläßt ihn seinen inneren Erfahrungen, samt aller Abgründe in Form von persönlichen Dämonen. Ursprünglich wurde *Tommy* von The Who als Rockkonzert aufgeführt. Bald schon wurde es mit verteilten

---

[96] 1990 wurde zum 20. Jubiläum eine Konzertfassung auf die internationalen Bühnen gebracht: *Jesus Christ Superstar – The 20th Anniversary Album* (First Night Records, 1992).

Rollen und einer Orchesterfassung auf Opernbühnen aufgeführt (1972). Schließlich wurde die Rockoper von Ken Russell verfilmt (1975) und zu einem glänzenden Gesamtkunstwerk transformiert. Die Szene mit der Acid Queen ist eine besonders eindrückliche filmische Vision eines LSD-Trips, nicht zuletzt durch die ekstatisch-exzentrische Darstellerin Tina Turner. Sie singt zu der aufquellenden Bilderflut »Ich bin die Zigeunerin, die LSD-Königin, ich garantiere dir, daß deine Seele in Stücke zerlegt wird.« Tommy wird in eine »Eiserne Jungfrau« gesperrt, mit LSD-Spritzen voll gepumpt und auf den schamanischen Zerstückelungsweg geschickt. Er erlebt dabei nicht nur die Verwandlung in zahlreiche Gestalten, sondern auch in seinen Vater und in Jesus.[97] 1989 ist *Tommy* nochmal als Live-Konzertmitschnitt mit verteilten Rollen auf Video[98] erschienen. Interessanterweise schuf Ken Russel Jahre später den Film *Der Horrortrip*, im Amerikanischen Original übrigens *Altered States of Consciousness*, eine Geschichte, in der John Lilly und dessen Selbstversuche (mit und ohne Drogen) im Isolations- oder Samadhitank porträtiert wurden.

Die vermutlich früheste LSD-Kinoverfilmung[99] war der von Peter Fonda 1967 gedrehte Film *The Trip*. Darin werden seine mehr oder weniger bedrohlichen LSD-Erfahrungen gezeigt. Er belegt deutlich, daß es immer kinowirksamer und spannender ist, Angst, Bedrohung und Horror zu zeigen als glückselige Ekstasen. 1969 drehte Peter Fonda den Kultfilm *Easy Rider*. Er spielte die Hauptrolle neben Dennis Hopper und Jack Nicholson. In dem weltweit erfolgreichen Film schlucken Fonda, Hopper und Nicholson zusammen mit zwei Huren auf einem Friedhof einen Trip. Die Szene ist ein anschauliches Beispiel dafür, wie man LSD besser nicht nehmen sollte. Dagegen erscheint die Gefängniszelle des Filmes *SKIDOO* (ca. 1968) als ein weitaus besseres Setting für LSD-Trips.

Peter Fondas Schwester Jane glänzte 1969 in dem psychedelischen Kultklassiker *Barbarella*, ein Film, der vom gleichnamigen Comic (von Jean-Claude Forest) inspiriert wurde. Der innovative und erotische Film wirkt wie eine in die Zukunft transponierte Fassung von Boschs *Garten der Lüste*, mit den modernen Industrie-Mythen und den technischen Errungenschaften der *psychedelic lightshows* ergänzt. Dieser, wie viele andere Filme, die noch folgen sollten, benutzte »trippige« Elemente, Hippie-Symbole und visuelle Gestaltungen, die stark an die Posterkunst der Sechziger, an die U-Comix und an die Rock Konzerte erinnerten. Zahlreiche Filme unterliegen seither der *Interpretatio psychedelia*, z. B. *2001*

---

[97] vgl. Richard BARNES & Pete TOWNSHEND, *The Story of Tommy*, Middlesex: Eel Pie Publ., 1977.
[98] *The Who/Live featuring the Rock Opera Tommy* (Profile, 1989), mit Patti LaBelle als Acid Queen.
[99] Es gab schon einige kürzere Underground-Verfilmungen, z. B. *Hallucination Generation* (1966); vgl. dazu die detaillierte Darstellung bei Michael STARKS, *Cocaine Fiends and Reefer Madness: An Illustrated History of Drugs in the Movies*, New York, London: Cornwall Books, 1982, S. 139-173.

(1968), *Startrek IV* (1987), *Der Steppenwolf*, *The Wall* (von Roger Waters/Pink Floyd), der Zeichentrickfilm *Das Geheimnis von Nim* und schließlich *Flashback* (1990), die Antwort der Neunziger Jahre auf *Easy Rider*.

Das Dionysische und Schamanistische des ursprünglichen Theaters kehrt besonders in dem Oliver Stone Film *The Doors* (1991) zurück. Der sehr aufwendig gedrehte Film über die legendäre Musikband um Jim Morrison[100] zeigt LSD-Szenen, die so verblüffend echt umgesetzt wurden, daß sich die Zuschauer geradezu in einen Trip hinein versetzt fühlen. Der Film enthüllt auf magische Weise die berühmten Worte Jim Morrisons: »Wir bekennen uns zum Dionysischen, zu den dunklen Trieben in uns selbst.«[101]

Viele psychedelische Kino-Filme werden heutzutage als Videobänder verkauft. Daneben blüht aber auch das Geschäft mit Filmen, die niemals in die Kinos kommen und auch nicht dafür produziert wurden. Immer mehr Rockbands gehen dazu über, ihre Schallplatten als Videoclips bildlich umzusetzen. Diese Konzert- oder Studioaufnahmen werden mit modernen Computertechniken so aufgearbeitet, daß die *Interpretatio psychedelia* nur noch jubeln kann. Zu den psychedelischsten Produktionen dieser Art gehören sicherlich die Videos *Grateful Dead, So Far* (1987)[102], *The Grateful Dead Movie* (besonders der Zeichentrickfilm am Anfang; 1987), *Frank Zappa's The Dub Room Special* (1982) und *Ministry, In Case you didn't Feel Like Showing Up (Live)* (1990).

---

[100] Grundlage des Filmes ist das Buch von Jerry HOPKINS & Daniel SUGERMAN, *Keiner kommt hier lebend heraus*, München: Heyne, 1991; vgl. auch John DENSMORE, *Riders on the Storm*, New York: Dell, 1990.
[101] zit. nach Siegfried SCHMIDT-JOOS & Barry GRAVES, *Rock-Lexikon*, Reinbek: Rowohlt, 1975, S. 243.
[102] Jerry Garcia sagte zu diesem Film: »Just another Grateful Dead attempt to describe the indescribable«.

Ein modernes Eleusis:
Die Mysterien der Dankbaren Toten

> »There is nothing like
> a Dead Show!«
> Sprichwort der Deadheads

In Eleusis, einem heiligen Ort, der 16 km von Athen entfernt liegt, wurden über Jahrhunderte hinweg Hunderttausende von Menschen in die Mysterien der Göttin Demeter, der Kornmutter und Vegetationsgöttin, eingeweiht.[103] Sie pilgerten von Athen nach Eleusis und nahmen, nach gründlicher Vorbereitung (Waschungen, Fasten), an den Weihen teil. Den Initianten wurde von den eleusinischen Priestern der Kykeon (κυκεον), der heilige, psychedelisch wirksame Einweihungstrank[104] gereicht. Sobald der Trank wirkte, zogen sie in das Telesterion, das innerste Heiligtum des Heiligtums. Dort wurde mit raffinierter Beleuchtung und ekstatischer Musik das mythologische Drama von Priester-Schauspielern verkörpert. Die Initianten nahmen teil an der göttlichen Schau, sahen Himmel und Unterwelt und fanden die Antworten auf ihre Fragen; auf Grundfragen der Menschheit: *Woher komme ich? Was mache ich hier? Wo gehe ich hin?* – Neugeboren und mit dem Wissen um die Ewigkeit bereichert, wurden die Eingeweihten wieder in das tägliche Leben entlassen. In der eleusinischen Erfahrung fanden sie Trost, Hoffnung und Heilung. Den Eingeweihten wurde unter Androhung des Todes verboten, über die Erfahrung zu sprechen. Aber selbst wenn sie wollten, hätten sie nicht darüber sprechen können, denn es ist das wesentliche Charakteristikum der Mysterien, daß ihre Inhalte nur intuitiv erfaßbar, nicht aber linguistisch kompatibel sind[105]. Albert Hofmann sieht in dem antiken Mysterienkult ein Modell für die moderne Welt. In Eleusis-ähnlichen Zentren könnten mit Hilfe von LSD Hunderttausende, gar Millionen in die Mysterien von Leben, Zeugung und Tod eingeweiht werden.[106]

---

[103] vgl. Walter BURKERT, *Antike Mysterien*, München: Beck, 1990; Diether LAUENSTEIN, *Die Mysterien von Eleusis*, Stuttgart: Urachhaus, 1987.
[104] vgl. R. G. WASSON, A. HOFMANN & C. RUCK, *Der Weg nach Eleusis: Das Geheimnis der Mysterien*, Frankfurt/M.: Insel; R. GORDON WASSON et al., *Persephone's Quest: Entheogens and the Origins of Religion*, New Haven, London: Yale University Press, 1986.
[105] Dennoch hat uns der griechische Philosoph PLATON, der einer der berühmtesten Eingeweihten von Eleusis war, im *Phaidros* recht deutliche Anspielungen hinterlassen (München: Piper, 1989).
[106] So Albert HOFMANN in seinem Vortrag »Die Botschaft der Mysterien von Eleusis an die heutige Welt«, gehalten auf dem ECBS-Kongress *Welten des Bewußtseins*, Göttingen 1992. Die Publikation in einem Kongressband folgt in diesem Jahre; vgl. auch C. RÄTSCH, »Andere Welten des Bewußtseins« in: *Esotera* 1/93: 96f.

Zukunftsmusik ohne Wirklichkeitsbezug für die Gegner der psychedelischen Erleuchtung, schon lebensnahe Realität für die *Deadheads*. Deadheads sind die Anhänger der Grateful Dead, der Band, die aus Kesey's Acid Tests hervorgegangen ist und die im Grunde genommen die Tradition der Acid Tests[107] fortführt und über die letzten zweieinhalb Jahrzehnte ihres Bestehens technisch perfektioniert hat. *Dead* ist die Kurzform von *Grateful Dead*, ein Name, der übrigens aus dem Ägyptischen Totenbuch[108] stammt. *Head* ist die Kurzform von *Acidhead*, »Säurekopf«, sprich LSD-Benutzer. Um die Grateful Dead ist eine echte moderne nativistische Bewegung entstanden; die Deadheads bilden eine psychedelische Groß-Familie, einen halbnomadischen Stamm, dezentralisiert in aller Welt ansässig.[109] Das Sakrament der Deadhead-Bewegung ist das LSD, die Rituale des Kultes sind die Grateful Dead-Konzerte, und die damit verbundene Philosophie ist die der Hippies und ihrer Gründungsväter Alan Watts, Timothy Leary und Ken Kesey.

Die Konzerte der Band, *Dead Shows* genannt, sind ein unvergleichliches multikulturelles Ereignis.[110] Die Deadheads haben eine eigene Kleidung mit einer selbständigen Ikonographie entwickelt.[111] Die T-Shirts sind mit Batiken so gefärbt, daß die Muster und Farben an psychedelische Erfahrungen erinnern; die Ikonographie beruht auf allerlei Symbolen aus der Hippiebewegung, aus dem alten Ägypten und aus der Himalayakultur. Es gibt viele Deadheads, die der Musikgruppe in alle Welt folgen, und die ihren Lebensunterhalt durch den Verkauf von T-Shirts, Postern, Stickern usw. bestreiten. Das ungewöhnliche an den Konzerten ist ihre Einmaligkeit. Nicht eine Show gleicht der nächsten. Die Band hat niemals ein festes Programm. Sie improvisieren, spielen intuitiv wie ein einziger Organismus. Die Bewußtseine der sechs Musiker um Jerry Garcia (»Captain Trips«) scheinen durch die psychedelischen Erfahrungen so erweitert zu sein, daß sie zu einem kollektiven Überbewußtsein verschmolzen sind. Um die Musik der Grateful Dead wirklich verstehen zu können, muß man eines ihrer Konzerte unter LSD-Einfluß erlebt haben. Nach dieser Initiation bleibt man mit dem Kult der Dankbaren Toten auf ewig verbunden. Darüber zu sprechen ist zwar erlaubt, aber wegen der Unaussprechlichkeit der Erfahrung kaum möglich.[112]

---

[107] so Jerry GARCIA in einem Interview im *Rolling Stone* vom No. 1989, S. 118.
[108] vgl. *Das Totenbuch der Ägypter* (übers. von Erik HORNUNG), Zürich, München: Artemis, 1990.
[109] vgl. Jerilyn Lee BRANDELIUS, *Grateful Dead Family Album*, New York: Warner, 1989.
[110] vgl. Hank HARRISON, *The Dead (A Trilogy)*, San Francisco usw.: The Archives Press, 1990/91; David GANS & Peter SIMON, *Playing in the Band: An Oral and Visual Portrait of the Grateful Dead*, New York: St. Martin's Press, 1985.
[111] vgl. Paul GRUSHKIN (Hg.), *Grateful Dead – The Official Book of the Dead Heads*, New York: Quill, 1983.
[112] vgl. Helmut OBERLACK, »Die dankbaren Toten spielen auf« in: *Connection* 1/92: 20-23.

Die Konzerte der Grateful Dead, der »Rock-Schamanen«, sind die größten öffentlichen LSD-Veranstaltungen der Welt. Tausende von Deadheads nehmen vor dem Konzert LSD, manchmal auch Zauberpilze oder Hanf. Die Band spielt die Musik nach der entsprechenden Stimmung, improvisiert, läßt sich selbst von den psychedelisierten Massen inspirieren. Der Höhepunkt einer jeden Show ist der Drums & Space Part[113]. Losgelöst von jeder musikalischen Konvention, befreit von der starren Form traditioneller Musikkonzepte, sprudelt die Musik *in statu nascendi* hervor und vereint die individuellen LSD-Erfahrungen zu einem transpersonalen Kollektivtrip. Millionen von Menschen sind über die letzten 25 Jahre auf diese Art in die Mysterien der Dankbaren Toten eingeweiht worden. Für die Deadheads liegt Eleusis nicht an *einem* heiligen Ort, Eleusis ist eine Instanz des eigenen Bewußtseins geworden. Die Türen zum Eleusis im eigenen Kopf werden durch die Musik der Grateful Dead geöffnet.

> Glückselig ist der von den Menschen auf Erden
> der das geschaut hat!
> Wer nicht in die heiligen Mysterien eingeweiht wurde,
> wer keinen Teil daran gehabt hat,
> bleibt ein Toter in dumpfer Finsternis.
>
> *Homerische Hymne*

---

[113] vgl. dazu Mickey HART & Frederic LIEBERMAN, *Planet Drum*, San Francisco; Harper, 1991. Mickey Hart ist der eine der beiden Grateful Dead-Schlagzeuger und Perkussionisten.

LSD-Schamanen: Die neue Psychiatrie

In vielen traditionellen Kulturen werden psychedelische und psychoaktive Drogen zur Heilung verschiedenster Krankheiten verwendet.[114] Meist sind es die Schamanen, die ein Psychedelikum einnehmen, um die Krankheit eines Patienten erkennen und behandeln zu können. In einigen Fällen gehen Schamane und Patient auf einen gemeinsamen Trip in die gewöhnlich unsichtbaren Welten.[115] Noch seltener aber verabreicht der Schamane dem Kranken alleine die psychedelische Droge. Im Schamanismus heißt es, nur wer schon gestorben ist, nur wer den Wahnsinn erlebt hat, nur wer sich mit Göttern vereint und mit Dämonen gekämpft hat, ist ein echter Schamane. Das heißt: nur wer alle inneren Welten des Menschen kennengelernt hat, kann Dämonen erkennen und heilen.[116]

In den USA und in Europa hatte die Psychiatrie schon immer ein großes Interesse an bewußtseinsverändernden Drogen. Meist wurden aber Drogen benutzt, die den Wahnsinn der Patienten unterdrücken, beschwichtigen oder zeitweise außer Kraft setzen sollten.[117] Dennoch interessierten sich viele Psychiater für Meskalin und später für LSD. Man glaubte zunächst, diese Drogen würden Geisteskrankheiten auslösen oder imitieren.[118] Später erwog man die Möglichkeit, daß Psychiater mit LSD Selbsterfahrungen machen sollten, um den Wahnsinn ihrer Patienten – oder auch den eigenen – besser zu verstehen. In dem Originalbeipackzettel des von Sandoz/Basel produzierten Lysergol® (pures LSD) steht noch, daß die Substanz besonders dem Psychiater dienlich ist, um ein vertieftes Verständnis der Psychose und der Schizophrenie zu erlangen.[119]

In den USA wurde LSD in den Sechziger und Siebziger Jahren in vielen psychiatrischen Krankenhäusern getestet, u. a. bei der Behandlung von Alkoholis-

---

[114] vgl. Adolf DITTRICH & Christian SCHARFETTER, *Ethnopsychotherapie*, Stuttgart: Enke, 1987.
[115] vgl. z. B. Gerardo REICHEL-DOLMATOFF, »Brain and Mind in Desana Shamanism« in: *Journal of Latin American Lore* 7(1): 73-98, 1981.
[116] vgl. Roger N. WALSH, *The Spirit of Shamanism*, Los Angeles: Tarcher, 1990.
[117] vgl. Josef ZEHENTBAUER & Wolfgang STECK, *Chemie für die Seele*, Königstein: Athenäum, 1986; ferner Terence DOQUESNE & Julian REEVES, *A Handbook of Psychoactive Medicines*, London usw.: Quartet Books, 1982.
[118] Zur Geschichte der LSD-Anwendung in der Psychiatrie siehe Rich YENSEN, »Vom Mysterium zum Paradigma: Die Reise des Menschen von heiligen Pflanzen zu psychedelischen Drogen« in: *Das Tor zu inneren Räumen*, Südergellersen: Bruno Martin, 1992, S. 17-61.
[119] vgl. Gary BRAVO & Charles GROB, »Shamanes, Sacraments, and Psychiatrists« in: *Journal of Pschoactive Drugs* 21(1): 123-128, 1989.

mus. Dabei erkannten die behandelnden Ärzte, daß die Alkoholiker unter LSD-Einfluß mystische Erfahrungen machten, die ihre Alkoholsucht kurierten. Man entdeckte die Möglichkeit, mit LSD die verdrängten Inhalte aus der Tiefe des Unbewußten an die Oberfläche holen und psychotherapeutisch bearbeiten zu können. Berühmt wurden LSD-Behandlungen von Frigidität und dem KZ-Syndrom. Aber auch die Arbeit mit unheilbar Kranken und Sterbenden hat gezeigt, daß in der LSD-Erfahrung ein ungeheures Heilungspotential liegt. Psychiater und Psychotherapeuten in aller Welt haben reichliche Erfahrungen gesammelt, wie LSD sinnvoll eingesetzt werden kann; leider machen es die Gesetzgeber den meisten praktizierenden Psychiatern unmöglich, über diesen Stoff zu verfügen. Dr. Stanislav Grof, sicherlich der bekannteste und erfahrenste LSD-Therapeut, schreibt dazu: »Die Zukunft der LSD-Psychotherapie vorherzusagen, ist heute schwierig. Daß sie gefahrlos und wirksam angewendet werden kann, heißt nicht, daß sie von der orthodoxen Psychiatrie assimiliert werden wird [...] Wie schon gesagt, ist LSD ein Verstärker oder Katalysator innerer Vorgänge. Bei sinnvoller Anwendung könnte es zu so etwas wie dem Mikroskop oder Teleskop der Psychiatrie werden. Ob die LSD-Forschung weitergeführt wird oder nicht, die Einsichten, zu denen sie bereits geführt hat, sind von bleibendem Wert.«[120] – Sie gehören zu den wichtigsten Schätzen der LSD-Kultur.«

Grof's ehemaliger Mitarbeiter Dr. Richard Yensen, der sowohl in dem psychiatrischen Programm am Maryland Hospital als auch mit Schamanen, u. a. mit Maria Sabina, Erfahrungen gesammelt hat, schlägt vor, eine psychedelische Medizin als Ergänzung zu der allopathischen Medizin im Westen einzuführen. Dabei bezieht er sich direkt auf die Methoden der Schamanen.[121] Damit schließt sich der Kreis. Durch LSD kehrt der Schamanismus, über Jahrhunderte als Aberglaube, Teufelswerk und Hexerei verbannt, in unsere Kultur zurück.

---

[120] *LSD-Psychotherapie*, Stuttgart: Klett-Cotta, 1983, S. 373. Dieses voluminöse Buch bietet auch eine hervorragende historische Übersicht zum Thema.
[121] vgl. R. YENSEN, »Toward a Psychedelic Medicine« in: *Jahrbuch für Ethnomedizin und Bewußtseinsforschung*, Bd. 1, 1992, S. 51-69.

Einblick

»Wir stehen erst am Anfang der
Erkenntnis, daß wir die Pforten der
Wahrnehmung tatsächlich öffnen und aus
der Höhle hinauskriechen können«

Marylin Ferguson
Geist und Evolution (1973)

Die LSD-Kultur war und ist einer der potentesten Einflüsse auf die Mainstreamkultur der Jetztzeit. In jeder Kneipe erschallen die Beatles-Songs »Lucy in the Sky with Diamonds« und »Tomorrow Never Knows«. In jeder Discothek flackert die nächtliche Lightshow. Brave Hausmütter trällern beseelt mit, wenn das Radio »Let the Sunshine In« oder »Mr. Tambourine Man« ausstrahlt. In der Fernsehkinderstunde laufen Geschichten, die sich ehemalige Acidheads ausdachten und in den Werbefilmen erscheinen Szenen, die man gewöhnlich nur bei der Reise nach Innen wahrnimmt. In den Kinos laufen ausge*spac*ete Science Fiction-Filme und unter den Bestsellern findet man viele LSD-inspirierte Werke. Jeder Videoclip wirkt wie eine Facette in der psychedelischen Gesamtschau. Ohne LSD hätte es keine Rockmusik, keinen Heavy Metal, kein House & Techno gegeben. Ganz zu schweigen von der Posterkunst. Ohne LSD hätte es keine sexuelle Befreiung gegeben. Ohne LSD wäre keine neue Spiritualität, kein neues Heidentum entstanden; selbst die Umweltbewegung und die Tiefenökologie verdankt ihm wesentliche Einsichten. Ohne LSD hätte es keine *Rainbow Nation*, keine *Rainbow Gatherings* (sozusagen Stammestreffen) und damit kein Greenpeace gegeben[122]. Das *New Age* wäre vergessen oder verpaßt worden. Man munkelt sogar, daß es ohne LSD keine Personal Computer, vor allem keinen *Apple*, den Computer vom Baum der Erkenntnis, gäbe[123]. Und hätte es Mindmachines gegeben?

Ohne LSD hätte es dieses Buch nicht gegeben!

Es ist sicher kein Zufall, daß in diesem Jubiläumsjahr *Hair* und *Jesus Christ Superstar* wieder auf Europas Bühnen gebracht werden und alte und neue

---

[122] vgl. Alberto Ruz BUENFIL, *Rainbow Nation Without Borders: Toward an Ecotopian Millennium.* Santa Fe, New Mexico: Bear & Co. Publ., 1991, besonders die Seiten 82ff.
[123] vgl. Jeffrey S. YOUNG, *Steve Jobs: Der Henry Ford der Computerindustrie,* Düsseldorf: Verlag GFA Systemtechnik, 1989, S. 63ff.

Hippies mit Nostalgie und neuem Mut erfüllen werden. Die Bands Big Brother and The Holding Company und Jefferson Starship werden in diesem Jubeljahr in Deutschland auftreten und Ken Kesey hält Lesungen. Die britische Supergruppe Cream feierte im Januar ein großes Reunion Concert und die Grateful Dead spielen unermüdlich für ihre stetig wachsende Gemeinde, zu der die jüngste Generation stößt.

Auch wenn LSD (noch) illegal ist, hat sich die kulturelle Wirkung weltweit manifestiert. Fazit: *Unsere heutige Welt ist ohne LSD nicht denkbar.*

LSD-STIMMEN

In diesem Abschnitt sind 50 Zitate von 50 berühmten und (noch) unbekannten Persönlichkeiten versammelt, die zu LSD oder zu LSD-Erfahrungen Stellung beziehen. Manche der Zitate sind schon oft aufgegriffen worden. Dennoch sollen sie hier aufgrund der sprachlichen Schönheit, der philosophischen Tiefe oder Originalität auftauchen. Sie stellen moderne Weisheiten dar und werfen ein Licht auf die ewigen Wahrheiten. Manche Zitate stammen aus bekannten Büchern, andere aus obskuren und seltenen Publikationen. Die Zitierweise ist wissenschaftlich (vor allem wegen etwaiger Copyright-Rangeleien...) und entspricht den sogenannten Gepflogenheiten der deutschen Sachbücher. Manche Statements sind Originalbeiträge, die mir dankenswerterweise von den Autoren neurocybernetisch, brieflich oder auf Diskette zugespielt wurden. Manche der zitierten Autoren haben sich bereits in das weiße Licht, das dem gründlichen LSD-Psychonauten nur allzugut bekannt ist, aufgelöst. Vielleicht feiern sie als psychedelische Boddhisattvas im LSD-Nirvana bei diesem Jubiläum mit.

Der Anfang

»LSD is the wisdom of the West.«

(»LSD ist die Weisheit des Westens«)

Lama Yeshe
tibetischer Meister[124]

---

[124] zitiert in: Hans-Hinrich TAEGER, *Spiritualität und Drogen.* Markt Erlbach: Raymond Martin Verlag, 1988, S. 17.

Meinungen

»Bisher wurde viel Hitze, aber wahrscheinlich zuwenig Licht von den psychedelischen Drogen verbreitet. Durch die Kampagnen der Massenmedien hat heute jeder schon von LSD gehört. Es ist aber äußerst merkwürdig, daß nahezu jeder eine feste Meinung dazu hat, egal wie wenig oder wie viel er tatsächlich darüber weiß.«

Walter N. Pahnke, M.D., Ph.D., S.T.B.
Psychiater, Theologe[125]

---

[125] aus: »LSD and Religious Experience« in: *LSD, Man & Society*. Middletown, Connecticut: Wesleyan University Press, 1968, S. 78.

Die Ver- und Entpuppung

»In gewisser Hinsicht kann man eine LSD-Sitzung metaphorisch als eine Periode der 'Verpuppung' bezeichnen. [...]
Die LSD-Sitzung selbst ist die Verpuppung, die Phase der organisierten Desorganisation, in welcher die Dinge sich mit einer Fluidität und Plastizität bewegen, die man normalerweise nicht erlebt. Solange in diesen Prozeß der Verpuppung keine Richtung gebracht ist, mag man voller Ungewißheit sein, wie man herauskommen wird: noch als Raupe oder als eine monströse Kombination von Raupe und Schmetterling oder als fertiger Schmetterling.«

John C. Lilly
Delphinforscher, Psychiater[126]

---

[126] aus: *Das Zentrum des Zyklons.* Frankfurt/M.: Fischer, 1976, S. 24f.

Die neue Alchemie

»Allgemein wird angenommen, daß zwischen Intuition und Intellekt, zwischen Dichtung und Logik, zwischen Geist und Vernunft eine tiefgehende Unvereinbarkeit besteht. Das Aufregendste bei meinen Experimenten mit LSD war, daß diese vorher im Gegensatz zueinander stehenden Bereiche sich jetzt ergänzten und sich gegenseitig befruchteten und damit eine Lebensweise suggerierten, in der der Mensch nicht länger ein verkörpertes Paradox aus Engel und Tier, aus der Vernunft, die den Instinkt bekämpft, sondern ein wunderbares Zusammentreffen ist, in dem Eros und Logos eins sind.«

Alan Watts
Professor für Theologie, Philosoph[127]

---

[127] aus: *Dies ist ES*. Reinbek: Rowohlt, 1985, S. 121f.

Zwischenwelten

»In Indien respektieren wir die Vision, aber mit Vorbehalten. Es gibt kaum ein Dorf, in dem nicht ein Heiliger oder ein Visionär lebt. Aber die Regel der indischen Spiritualität war und ist: Solange man noch etwas sieht, ist man noch befangen, ist man noch nicht am Ende. Man bewegt sich noch in einer Welt von Formen und Namen, die vielleicht eine höhere Welt als die physische ist, aber eine Zwischenwelt; vielleicht schöner, aber auch gefährlicher. Daher ist es nicht überraschend, daß die Türen, die durch LSD geöffnet werden, häufig in das führen, was man hier die unteren vitalen Welten nennen würde, mit ihren klebrigen Inhalten des Unbewußten. Dies ist zu erwarten, wenn man LSD ohne asketische Vorbereitung oder ohne die Gegenwart eines Gurus oder Lehrers nimmt. Selbst im besten Fall kann LSD nur einen Vorhang von dem entfernen, was unter der Oberfläche ist, und wenn man hinter dem Vorhang in der Hölle ist, zeigt einem LSD diese Hölle. Das ist alles. Aber es gibt auch Menschen, die bereit sind, und sie sehen Besseres. Diejenigen, die für den Frieden bereit sind, erfahren den Frieden und die, die rein sind, haben eine reine Vision.«

Ronald Steckel
Autor/Autorengruppe Voltaire[128]

---

[128] aus: *Bewusstseinserweiternde Drogen*. Berlin: VoltaireHandbuch 6, 1969, S. 155f.

Die Erleuchtung

»Es gibt viele Wege zur Erleuchtung. [...]

Aber der Erleuchtung ist es egal, wie du sie erlangst. Und wenn du schon im Paradies nicht darüber nachdenkst, dann mach dir jetzt keine Sorgen darüber. [...]

Ich selbst muß den Weg wählen, der jedermann zugänglich ist. Wenn ich dahin gelangt bin, sei es mit Hilfe von LSD oder auf anderen Wegen, stelle ich fest, daß ich zurückkehre, um jenen zu helfen, die keine geistigen Athleten sind.«

Thaddeus Golas
Hippie-Schriftsteller[129]

---

[129] aus: *Der Erleuchtung ist es egal wie du sie erlangst.* Basel: Sphinx, 1979, S. 79f.

Millionen von Mystikern

»Letztendlich ist der wesentlichste Aspekt der heutigen Bedeutung von LSD die, daß eine chemische Technologie Millionen von Menschen ermöglichte Erfahrungen der Transzendenz des persönlichen Egos zu machen, was vor nur einem Jahrhundert lediglich den diszipliniertesten Mystikern vorbehalten war.«

Frank Barron, Ph. D.
Psychologe[130]

---

[130] aus: »Motivational Patterns in LSD Usage« in: *LSD, Man & Society*. Middletown, Connecticut: Wesleyan University Press, 1968, S. 9.

Wahrnehmung und Wirklichkeit

»Du wächst ja auf mit dem Dogma, die Welt ist so wie sie dir beschrieben wird und wie sie dir aufgrund dieser vielen eingebleuten Lehren auch erscheint. Die Sicht der Welt ist wie die absolute Wahrheit, sie kann nur so sein und nicht anders, denn alles andere wäre bedrohlich. Mit LSD merkte ich, daß es von der Chemie im Hirn abhängt, ob eine Wand gerade ist, oder ob sie auf dich zukommt, ob Grenzen fest sind oder beweglich. Für Machtkonstruktionen ist es natürlich störend, wahrzunehmen, daß alles ständig fließt und sich neu bildet. Wo willst du da den Hebel ansetzen? Ich denke, daß daran viele Leute verrückt werden, wenn sie zum ersten Mal erkennen, daß nichts ist, wie sie es aus Sicherheitsgründen lernen mußten. Und daß alle Maßeinheiten hinfällig werden, wenn eine ganz bestimmte chemische Reaktion im Körper stattfindet. Drogen schalten, finde ich, die Selbstverständlichkeit einer einzigen Realitätswahrnehmung aus.«

Luisa Francia
Schriftstellerin[131]

---

[131] aus: *Tänzerinnen zwischen Himmel und Hölle*, Der Grüne Zweig 136, S. 251.

Moksha oder die Pforten der Wahrnehmung

»Wir haben letzte Woche unseren LSD-Versuch gemacht. [...] Die psychischen Wirkungen waren [...]: Transfiguration der Außenwelt und ein Begreifen – eine Erkenntnis, die den ganzen Menschen einbezieht – daß Liebe das ein und alles ist; und so erklärt es sich, daß Atman identisch ist mit Brahman und daß – trotz allem – das Universum in Ordnung ist.«

»Ich bin überzeugt, daß diese Erfahrungen uns wirklich etwas über das Wesen des Universums vermitteln, daß sie ihren Wert in sich haben, ihn aber vor allem dann erhalten, wenn wir sie in unser Weltbild einfügen und im täglichen Leben anwenden. Die Wirkung des mystischen Erlebnisses auf das alltägliche Leben ist überall als Probe auf seine Gültigkeit betrachtet worden.«

Aldous Huxley
Schriftsteller, Philosoph[132]

---

[132] aus: *Moksha*, München: Piper, 1983, S. 100 (aus einem Brief vom 23.12.1955) und S. 150 (aus einem Brief von 1957).

Das ekstatische Abenteuer

»LSD ist ein Werkzeug, keine Methode. Man muß lernen es mit Scharfblick zu betrachten. Unter LSD etwas zu 'sehen' ist keine Garantie für dessen konzeptionelle oder Moralische Gültigkeit. Wie Timothy Leary immer wieder betonte, ein jeder muß sein eigener Moses, sein eigener Galilei werden. Er muß seinen eigenen moralischen Code entwickeln, er muß die innere Natur des Universums erfassen. Nichts kann mehr als selbstverständlich gelten. Keine der alten sozialen und intellektuellen Strukturen bleibt bestehen. Wir müssen alle beim gleichen Start beginnen. Wir müssen uns die grundlegende Frage stellen: Was ist das Leben? Wo stehen wir darin? Was machen wir zusammen hier auf diesem kleinen Planeten. Die wahre evolutionäre Herausforderung durch die Existenz solcher Chemikalien wie LSD besteht darin, wie man als Mensch letztlich erlernt ein vollverantwortliches Wesen zu sein. Dies ist das ekstastische Abenteuer.«

Ralph Metzner, Ph. D.
Psychologe, Psychotherapeut[133]

---

[133] aus: *The Ecstatic Adventure*. New York: Macmillan, 1968, S. 14.

Die Bedeutung der Acid Tests

»Tatsächlich waren die Acid Test eine Form von Formlosigkeit. Es ist wie die Erforschung des Chaos. Man muß bestimmte Formen zerstören oder ignorieren um andere Organisationsebenen sehen zu können. Für mich war das die Bedeutung der Acid Tests. Sie waren die Metapher dafür. Wenn du dich in eine planlose Situation begibst, kann etwas Wunderbares geschehen. LSD war auf jeden Fall in dieser Hinsicht sehr wichtig für mich. Ich glaube, daß es auch eine elektronische Möglichkeit wie Computer Cybernetics gibt, uns an interessante Orte zu bringen, ja ähnlich wie Psychedelika zu wirken, aber ohne die Idee der Substanz.«

Jerry Garcia
Musiker (Grateful Dead)[134]

---

[134] aus einem Interview im *Rolling Stone*, Nov. '89, S. 73.

LSD und TAIJIQUAN

LSD eröffnete mir tiefe Einblicke in meinen Körper. Ich betreibe schon seit mehr als 10 Jahren recht intensiv Taijiquan; da habe ich es mir nicht nehmen lassen, auf einigen »LSD-Sitzungen« nicht nur zu sitzen. Beim Taijiquan geht es – wie bei anderen asiatischen Bewegungskünsten – auch um den Fluß der »Energie«. Und dank der Hilfe von LSD konnte ich deutlich zu spüren, wo da was und wie stark floß und vor allem, wo nicht.

Anfänglich hatte ich einige Probleme mit dem Gleichgewicht. Das war auch kein Wunder, denn bei einer LSD-Erfahrung gerät das gesamte Gleichgewicht – auf allen Ebenen – in Veränderung. Dann ließ ich mich intensiver auf diese Erfahrung ein und versuchte, besseren Kontakt zum Boden, zur Erde, aufzubauen. Und siehe da, wie im »richtigen Leben«: Je intensiver man sich mit einer Sache befaßt, desto besser funktioniert sie. In diesem Falle waren der Kontakt zum Boden und das Gleichgewichtsgefühl so intensiv, wie ich es bis dahin noch nie erlebt hatte.

Ähnliche Erfahrungen machte ich auch beim Gefühl für den »Energiefluß«. Besonders beeindruckend dabei war das Erspüren von Blockaden, den Stellen, an denen die »Energie« noch nicht floß. Ich sah deutlich die Bereiche, wo ich noch viel zu lernen hatte. Es war desillusionierend und aufschlußreich für mich, festzustellen, daß mein Taijiquan doch noch nicht so weit war, wie ich es eigentlich schon gedacht hatte.

Diese Erfahrungen haben mir sehr geholfen und dafür bin dankbar. Glücklich schätze ich mich jetzt, wenn sich beim Üben von Taijiquan ein ähnliches Gefühl auch ohne LSD einstellt.

Helmut Oberlack
Redakteur, Taijiquan-Lehrer
und Sportlehrer[135]

---

[135] Originalbeitrag.

Der Freischwimmer

Wären meine LSD-Erlebnisse profan gewesen, so daß ich sie mit Worten beschreiben könnte, hätte ich dieser Substanz wohl keine Beachtung geschenkt. So kann ich mich nur in Andeutungen ergehen. Zum Beispiel der Trip auf der Insel Formentera. Als ich merkte, daß die Wirkung einsetzte, setzte ich mir einen Schnorchel mit Taucherbrille auf und ging ins Wasser. Bald lag ich bäuchlings sanft schaukelnd im Mittelmeer und riß meine Augen ob der Schönheit der Unterwasserflora und Fauna weit auf. Der Ausruf des Entzückens wurde jäh vom Schnorchel blockiert und parallel kam mir die Erkenntnis, daß der Anblick allemal zu groß sei, um ihn verbal vermitteln zu können. Eine andere Abteilung im Gehirn suhlte sich in dem Wissen, daß dieses Hin und Her des Meeresgeschaukels seit Abertausenden von Jahren geschieht und ich allemal so klein wie ein Sandkörnchen im Meer der Zeit schwebe und daß ich das nie in Worte fassen könnte und mir nichts anderes übrig blieb, mich dem Erleben der Situation zu ergeben. Keine Ahnung, wie lang das Mittelmeer und ich an diesem Tag eins waren, wahrscheinlich Äonen. Erst der Anblick eines Seeigels katapultierte mich wieder ins aktuelle Zeitalter zurück und ließ mich an den Strand spülen, sprachlos. Freunde am Strand, auch auf Trip, hatten eine fürchterliche Zeit hinter sich, da sie mich ertrunken wähnten und entsprechend paranoisiert redeten sie auf mich ein. Mir blieb nichts anderes, als mich wieder ins Meer zurückzuziehen, mich Mama Wawa erneut zu ergeben. Ich schwamm ins Gold der untergehenden Sonne lichtwärts. Und wäre diese nicht so schnell im Meer versunken, wer weiß, vielleicht schwämme ich ihr heute noch hinterher...

PS:

Vor diesem Erlebnis war ich kein guter Schwimmer, seitdem fühle ich mich im Wasser sehr wohl & sicher

Werner Pieper
Medienexperimentor,
Info-Multiplikator[136]

---

[136] erweiterter Auszug aus: »Ein Bericht aus dem psychedelischen Untergrund« in: *Das Tor zu inneren Räumen*. Südergellersen: Verlag Bruno Martin, 1992, S. 250.

Auf dem Weg zum Frieden

»Für jemanden, der wie ich ein starkes Verlangen nach Verständnis und Frieden hat, ist LSD wie ein Wunder. Ich habe jetzt das Gefühl, daß ich mich selbst wirklich verstehe. Ich habe die Wiedergeburt erlebt. Die psychotherapeutische Behandlung mit LSD hat mich vollkommen verändert. Sie war fürchterlich. Ich erfuhr Dinge über mich, die ich vorher niemals in mir vermutet, niemals zugegeben hätte.

Im Augenblick, wo das Bewußtsein mit dem Unterbewußtsein zusammentrifft, gibt es eine heftige Karambolage, man glaubt, der Kopf löse sich vom Körper. Mein Ich wurde auseinandergenommen. Jetzt bin ich nicht mehr einsam. Ich bin glücklich, so glücklich, daß ich mehr Glück gar nicht aushalten könnte.«

Kurt Singer
Schauspieler[137]

---

[137] zitiert in *Hasch und andere Trips.* Hamburg: Konkret, 1970, S. 50f.

Der Stein der Weisen

LSD ist das Ergebnis von über 2000 Jahren alchemistischer Suche: *LSD ist der Stein der Weisen.*

LSD ist das *Elixier des Lebens und Wissens:* es ist wahrnehmungs-verstärkend, intelligenzsteigernd, lebensverlängernd und vitalisierend.

Galan O. Seid
Alchemist[138]

---

[138] Originalbeitrag.

Traumhaft

»Die Fähigkeit, die LSD verleiht, zeichnet sich dadurch aus, daß man zur gleichen Zeit wach ist und träumt. Ein Teil des Menschen kann an den Erlebnissen eines Traumes teilhaben, während ein zweiter Teil imstande ist, die Bedeutung des Traumes zu erklären.«

Constance A. Newland
Schriftstellerin[139]

---

[139] aus: *Abenteuer im Unbewußten*. München: Szczesny, 1964, S. 46.

Traumbedeutung

»Unter dem Einfluß von LSD kann ein Mensch oft Bilder deuten, die im Zustand normalen Bewußtseins sinnlos erscheinen. Die Tatsache, daß sich das Erlebte nur schwer mitteilen läßt, bedeutet keineswegs, daß es nicht verstanden wird; vielleicht wird es sogar genauer verstanden als bei einem Erkenntnisblitz, wie er manchmal die lange Erforschung eines Traumes lohnt. [...]

Das LSD-Erlebnis stellt deshalb nicht nur eine Erweiterung der Traumdeutung dar, sondern ist ihr an Intensität überlegen und macht viel reicheres Material zugänglich.«

Norman MacKenzie
Traumforscher[140]

---

[140] aus: *Träume*. Wiesbaden: Vollmer, 1978, S. 311.

Bewußtseinserweiterung

»Wer einmal einen Halluzinogenrausch mittels LSD oder Haschisch erlebt hat, weiß, daß dort in der Tat eine gewaltige Erweiterung des Bewußtseins möglich wird. Ich habe während eines LSD-Experiments einmal sehr eindrucksvoll erlebt, wie eine Beethoven-Symphonie sich aus bloßen akustischen Gebilden in farbige Wellenzüge verwandelte, die durch mich hindurchzogen und mir die Musik zu einem körperlich spürbaren Ereignis werden ließen – es wird mir unvergeßlich sein.«

Dr. phil. Jürgen vom Scheidt
Psychologe, Begründer der
Münchner Schreib-Werkstatt[141]

---

[141] aus: *Der Weg ist das Ziel: Bewußtseinserweiterung.* München: Knaur, 1989, S. 91.

Musikverständnis

»Obwohl mein Verständnis von Musik erweitert und verwandelt wurde, bestand der Haupteffekt von LSD darin, daß die telepathische Verständigung zwischen mir und der Gruppe wuchs. Wir haben Trips zusammen genommen und, wie du weißt, stimmen sich Leute auf demselben chemischen Trip besser auf einander ein. Das gilt besonders für die geistige Telepathie und die sehr fragile Kommunikation die zwischen Musikern abläuft. Ich glaube, daß in dieser Hinsicht LSD die wichtigste Kraft war, die unsere Band [The Byrds] und unsere Musik formte.«

David Crosby
Musiker[142]

---

[142] aus: *The Ecstatic Adventure*. New York: Macmillan, 1968, S. 297.

Intuition

»Erstaunlich, wie ich gleich von Anfang an auf meinem allerersten Trip das Gefühl hatte, daß ich Acid instinktiv begriff, daß ich damit umgehen konnte und auch in Zukunft damit umgehen würde. Schon bei den ersten Trips wußte ich, daß ich darauf stand. Ich liebte es. Es schien mir nicht gerade einfach, aber es schien die einzig natürliche Sache zu sein, die ich je in meinem Leben getan hatte.«

Stephen Gaskin
Dozent für kreatives Schreiben,
Gründer der Tennessee-Farm[143]

---

[143] aus: *Irrwitzige Dope-Geschichten.* Linden: Volksverlag, 1983, S. 9.

Magie in einer Pille

Ein jeder, der LSD genommen hat, muß sich wundern über das Mysterium, daß eine derart winzige Menge materieller Substanz mit solcher Macht die Stimmung, die Wahrnehmung und das Denken beeinflußt. Eine Dosis LSD, in der Form eines mikroskopischen Pünktchens oder eines kleinen Stückchens Gelatine, erscheint fast substanzlos, aber man hält es mit Respekt und Achtung in Händen, wenn man Erfahrungen damit gemacht hat. Von diesem kleinen bißchen Materie kann man in wenigen Stunden in die tiefste Erfahrung des Lebens getrieben werden. Es kann einen mit Licht oder mit Dunkelheit erfüllen, kann einen in Ekstase erschauern lassen oder mit Paranoia erschüttern, Visionen von Himmel oder Hölle erschauen lassen. Wie kann so wenig so viel bewirken? LSD ist das ultimative Psychedelikum, der ultimative Ausdruck der chemischen Magie. Seine Potenz macht es zu einer eigenen Klasse, zum Traum des Schmugglers und zur Verzweiflung des Rauschgiftbullen. Wie einfach läßt es sich über Grenzen tragen, in der Post versenden, von einer Person zur anderen reichen – in einer Art, die zu einem verbotenem Sakrament paßt!
Aber es gibt noch einen seriöseren Aspekt dieser Frage. Was sagt uns die Tatsache LSD über den Zusammenhang von Geist und Gehirn? über den Zusammenhang von der geistigen Welt und der materiellen Welt? Wenn 200 Mikrogramm Materie mystische Erfahrungen auslösen können, was sind dann mystische Erfahrungen? Sind sie weniger als wir dachten, bevor LSD in der Weltgeschichte erschien?
Kürzlich hörte ich Albert Hofmann über die Spiritualität von Molekülen sprechen. Er erörterte die Frage ob psychedelische Pflanzen spirituell-magische Qualitäten haben und synthetisierte chemische Wirkstoffe nicht. Sicherlich kann ein Molekül magisch sein, egal ob es von einer Pflanze oder von einem menschlichen Chemiker produziert wurde. Und wenn es ein Molekül gibt, auf das diese Aussage zutrifft, dann ist es LSD.
Für mich verkörpert LSD die mysteriöse gegenseitige Abhängigkeit von Geist und Materie. Unsere Welt ist äußerst materialistisch. Sie hat aber ein verzweifeltes Bedürfnis nach Magie. Wie angenehm, daß diese Magie zu uns in der Form dieses wunderbaren Moleküls gekommen ist!

Andrew Weil, Ph. D.
Arzt, Ethnobotaniker[144]

---

[144] Originalbeitrag (aus dem Amerikanischen).

Skandalös!

»Der Skandal des LSD liegt nicht in seinem Missbrauch, obwohl jeder Missbrauch davon sicher dumm ist, sondern darin, dass jegliche weitere Forschung mit dem Verbot faktisch unterbunden wird. Die Freiheit von Lehre und Forschung, meine ich, sollte nicht nur für Atomphysik gelten oder für eine Wissenschaft, noch effizientere Möglichkeiten zu finden, Menschen umzubringen, sondern dafür, was uns vielleicht, wenn wir Glück haben, anderen Sinnes werden lassen könnte als bisher.«

André Ratti
Journalist[145]

---

[145] aus »LSD – polemische Würdigung« *Basler Zeitung* 15. April 1983, S. 42.

Eine Annäherung

»Wenn ich nun vom LSD, als Fahrzeug betrachtet, den Eindruck gewonnen hatte, daß es über, allerdings höchst geschmackvoll ausgestattete Vorhöfe nicht hinausführte, dann mußte ich wohl über andere Erfahrungen verfügen, die das begründeten. [...]

Die Welt bleibt die gleiche, und doch kann diese Wahrnehmung darüber entscheiden, ob einer zum Maler geboren ist oder zum Anstreicher.«

Ernst Jünger
Schriftsteller[146]

---

[146] aus: *Annäherungen.* Frankfurt/M. usw.: Ullstein, 1980, S. 298.

LSD-Politik

»Ich mag eigentlich keine Drogen, aber LSD hat mir sehr gut getan. Ich finde, alle Politiker sollten LSD nehmen.«

Cary Grant
Schauspieler[147]

---

[147] aus: *Der Neue Wiener.* 1987.

Erwachen

Eines wunderschönen Tages
ging ich
auf den Bootssteg.
Doch wieder
sprach der See zu mir
und schnell und leicht
verschwebte die Zeit
im Wind.

Und auf einmal begann ich mein Menschtum
zu begreifen.
Neu entstanden Bäume und Blumen
Ich schmeckte, roch und hörte
volle Luft.
Lernte heiter atmen, heiter sprechen,
lernte heiter gehen
lernte Mensch *sein*.

Dr. Peter Hess
Psychiater, Oberarzt[148]

---

[148] Auszug eines Gedichtes über die erste eigene LSD-Erfahrung. Originalbeitrag.

Der Gründervater

»LSD war das Einfallstor des Irrationalen. Indirekt hat diese Droge, die der Baseler Chemiker Dr. Albert Hofmann – selbstverständlich rein 'zufällig' – entdeckte, unsere Welt gewaltiger verändert als manch anderes. [...] zweifellos gehört Albert Hofmann zu den Gründervätern einer neuen Zeit.«

Christine Steiger
Journalistin, Autorin[149]

---

[149] aus: *Hexe im dritten Lehrjahr*. Esslingen-Zürich: Edition Zaunreiter, 1992, S. 32, 33.

Die Superbombe

Die Entdeckung des LSD fällt menschheitsgeschichtlich gesehen praktisch zusammen mit der Entdeckung der Atombombe und deren erstem Abwurf. Dieses zeitliche Aufeinandertreffen der negativen physischen Zerstörungs- & Spaltungsbombe mit der positiven psychischen Bewußtseinsverschmelzungsbombe bedeutet für mich einen Absprache der Evolution – eine Absprache der äußeren mit der inneren Welt. Oder anders ausgedrückt: LSD ist die Antwort des inneren Raumes auf die Fragen der äusseren Wirklichkeit.

Das Aufzeigen der tiefgreifenden Veränderungen, die LSD in den 50 Jahren seit seiner Entdeckung in unserer Gesellschaft bewirkt hat, wäre eine interessante Aufgabe von zukünftigen Forschungen.

Roger Liggenstorfer
Buchhändler, Verleger[150]

---

[150] Originalbeitrag.

Lets get Stoned

»LSD makes you see
because LSD is reality!«

(LSD läßt dich erkennen
denn LSD ist Wirklichkeit)

Rausch
Musikgruppe[151]

---

[151] aus einem Liedertext des Albums *Glad* (1991).

Das Numinose

»Im LSD liegen derart mannigfaltige, ungeahnte und unausgeschöpfte Möglichkeiten, daß es einer der größten Verluste für uns Menschen wäre, sie brachliegen zu lassen. [...] Wir Menschen hatten zu keinem Zeitpunkt unserer Geschichte einen derart einfachen und mächtigen Schlüssel in den Händen, unsere eigene numinose Selbstnatur so leicht erforschen und sinnvoll nützen zu können.«

Hans-Hinrich Taeger
Journalist, praktizierender Buddhist[152]

---

[152] aus: *Spiritualität und Drogen.* Markt Erlbach: Raymond Martin Verlag, 1988, S. 21.

Die Rückkehr von der Reise

»Bedenke stets, daß ein Trip kein Sonntagnachmittagsvergnügen und auch kein Psycho-Spiel ist, sondern eine bedeutungsvolle Zäsur in deinem Lebensablauf. Wer eine Reise nach Afrika unternommen hat, wird nach seiner Rückkehr sein Heim, seine Umgebung, seine Lebensumstände aus der distanzierten Sicht des Weitgereisten neu erfahren. Viel mehr noch gilt dies für die Rückkehr von den 'Antipoden der Seele'.«

Ulli Olvedi
unabhängige Journalistin[153]

---

[153] aus: *LSD-Report.* Frankfurt/M.: Suhrkamp, 1972, S. 200.

Der gesunde Menschenverstand ist reines Gift

»Mit der Vergiftung ist es wie mit der Verwirrung: Sie muß größer werden, um Gutes zu bewirken. Ich mache Kabarett nur noch in Drogerien und Apotheken. Lord Knud, Rias Extra Drei, ist auf der Apothekertagung für die Wiedervereinigung der Spalttablette eingetreten. Ben Wargin will im Turm der Gedächtniskirche Spinat und Fledermäuse züchten. Fingernagels Delikatessen bieten für Burschis und Mädis Brennesselkoteletts und frischgepreßten Reißzweckensaft. Holt selbst Oma aus dem Koma. Bei Karstadt LSD eingetroffen, Woolworth hat Meskalin, aber Bilka liegt mit mexikanischen Pilzen vorn. Schlafftabletten und Wachmacher halten die Sicherheit aufrecht.«

Die Pest geht um, die Pest geht ab.

»Ich bin vielleicht für die Mehrheit der Leser verkommen, aber man darf nicht vergessen, ich bin einen Hoffnung für jeden idiotischen Krüppel. Was ist wichtig am Neuss? Man erwartet etwas, wenn man den Namen hört – Lärm oder Neues. - Das Wichtigste ist meine linke Hand. Die ist immer bei mir, und erinnert mich brutal an den Moment 1943, als Professor Albert Hoffmann in der Schweiz seinen ersten LSD-Trip inhalierte. Da schoß ich mir, bei dem weißrussischen Rschew, in meine linke Hand. Symbol für Kunst statt Krieg. Selbstverstümmelung empfehle ich allen, die ohne Schießen nicht leben können. Das war und ist eine gute Friedensbewegung.«

Wolfgang Neuss
Kabarettist[154]

---

[154] aus: 'Der gesunde Menschenverstand ist reines Gift,' Paukenschläge von Wolfgang Neuss, gemischt von Mathias Bröckers, München: Heyne, 1985.

Das angeblich Fremde

Durch LSD konnte ich mit dem Fremden in mir Freundschaft schließen. Dadurch konnte ich mit dem Fremden in anderen Menschen Freundschaft schließen. Und dadurch lernte ich, andere Menschen *wirklich* zu verstehen.

Dr. Christian Rätsch
Kulturanthropologe[155]

---

[155] Originalbeitrag.

Der Ursprung der Kunst

»Nach meiner Erfahrung mit LSD begann ich zu untersuchen, ob es eine unbekannte Welt war, unzugänglich, nur durch chemische Veränderungen der Realität zu betreten. Ich fand den Ursprung der meisten Bilden entweder in meinem Werk oder in den Werken anderer Schriftsteller. [...]
Ich machte die überraschende Entdeckung, daß diese Welt, die durch LSD erschlossen wird, für den Künstler durch die Kunst zugänglich ist. [...] Die Droge beseitigte nur den Widerstand, sie machte den Körper durchlässig für das Bild und aufnahmefähig, indem sie die bekannte Umgebung ausschaltete, die verhindert, daß der Traum von uns Besitz ergreift.«

Anaïs Nin
Schriftstellerin[156]

---

[156] aus: *Tagebuch von Anaïs Nin, 1947-1955*. Zitiert in: *Tänzerinnen zwischen Himmel und Hölle*, Der Grüne Zweig 136, S. 178, 179f.

Das angeborene Recht

»Meine erste LSD-Sitzung war ein Ereignis, dessen Auswirkungen mein berufliches und persönliches Leben tiefgreifend verändert haben. [...] Dieser Tag kennzeichnete den Beginn meiner radikalen Abkehr vom traditionellen Denken in der Psychiatrie. Mir wurde eine phantastische Darbietung von farbenprächtigen Visionen zuteil, einige abstrakt und geometrisch, andere figürlich und voll symbolischer Bedeutung. [...]
Das Göttliche manifestierte sich und bemächtigte sich meiner in einem modernen Labor inmitten eines ernsthaften wissenschaftlichen Experiments, das in einem kommunistischen Land mit einer Substanz durchgeführt wurde, die im Reagenzglas eines Chemikers des zwanzigsten Jahrhunderts entstanden war. [...]
Zu der Zeit glaubte ich noch nicht, so wie ich es heute tue, daß das Potential für eine mystische Erfahrung das angeborene Recht eines jeden Menschen ist, und schrieb alles der Wirkung der Droge zu.«

Dr. med. Dr. phil. Stanislav Grof
Psychiater, Psychoanalytiker[157]

---

[157] aus: *Die stürmische Suche nach dem Selbst*. München: Kösel, 1991, S. 38, 39f.

Keine Macht den Doofen!

»Viel wurde gesprochen über Anwendungen von LSD in der Kunst. [...] Keine Droge vermittelt neue Fähigkeiten. Wer keinerlei Regungen oder Empfindungen aufweist, wird nicht unter LSD plötzlich ein kleiner Michelangelo oder Beethoven. 'Doof bleibt doof, da helfen keine Pillen!' gilt auch hier.«

Dr. Daniel Leu
Pharmazeut, Biochemiker[158]

---

[158] aus: *Drogen*. Basel: Lenos, 1984, S. 83.

Wider den Mißbrauch

»Ich rede von LSD und ähnlichen Drogen, die ... die einem vortäuschen, daß sie das Bewußtsein erweitern. Bei bestimmten rituellen Anlässen kann das, wie ich meine, sehr fruchtbar sein; aber ich rede von dem gewohnheitsmäßigen Genuß, so daß daraus eine Gewohnheit wie jede andere wird und man sich selbst betrügt, wenn man glaubt, daß irgendeine neue Erfahrung die frühere Erfahrung aufhellen wird. Es gibt nur eins, was die frühere Erfahrung erhellen kann, nämlich still dazusitzen und zuzusehen, wie die Gedanken vorbeiziehen. Das ist das einzige Mittel, um Klarheit zu gewinnen.«

Leonard Cohen
Lyriker, Songschreiber[159]

---

[159] aus einem Interview mit Raoul HOFFMANN, *zoom boom*, München: dtv, 1974, S. 76.

Yin-Yang

»Wenn es so richtig gut lief, begannen unter LSD *Ego* und *Nicht-Ego* miteinander zu verschmelzen.«

Tom Wolfe
Journalist, Buchautor[160]

---

[160] aus: *Unter Strom (The Electric Kool-Aid Acid Test)*. München: Knaur, 1991, S. 160.

LSD – ein vielseitiges Instrumentarium

Schulzeit – Flower Power Philosophie: LSD öffnete nicht nur die Augen für die Schönheit der Natur, sondern auch die Nase und den Gaumen für die Blume und Würze des Weines. Es entfaltete sich unter uns Schülern eine von unseren Eltern und Lehrern nie beigebrachte Kultur des Genießens – Genuß statt Suff!

Studienzeit – Hippiezeit: Trippen war in, vor allem beim Ficken! Die erotische Ekstase gewann völlig neue Dimensionen – jeder Orgasmus eine neue Erleuchtung!

Wanderjahre – Forscherzeit: LSD wurde für mich ein Werkzeug wie das Teleskop für den Astronomen oder das Mikroskop für den Biologen. Die spitzkegeligen kahlköpfigen Pilze und LSD halfen mir, Zusammenhänge in der Natur zu durchschauen und standen Pate bei meinen Entdeckungen. LSD gewährte mir Blicke hinter die Kulissen der Manifestation und offenbarte mir innere verborgene Strukturen des Daseins.

Ohne LSD wäre ich vermutlich nie über die von den Vorfahren gesetzten Grenzen hinausgekommen und vermutlich durch die kosmische Isolation als Sexualverbrecher oder Terrorist geendet. LSD zeigte mir, daß ich ein Teil des Universums bin und wie dieses in mir resoniert – so erlangte mein Sein in dieser Welt eine kosmische Dimension.

Hans Cousto
Mathematiker, Harmoniker, Autor[161]

---

[161] Originalbeitrag.

Die Mysterien der Aphrodite

»Zweifellos ist LSD das mächtigste Aphrodisiakum, das der Mensch je entdeckt hat. [...] Wenn man unter LSD liebt, ist es, als liebe jede Zelle des Körpers – und man hat Trillionen davon – jede Zelle des anderen Körpers. Meine Hand streichelt nicht die Haut der Frau, sondern sinkt ein und verschmilzt in ihr mit uraltem Dynamos der Ekstase... Und eigentlich geht es ja bei dem LSD-Erlebnis nur darum. Sich verschmelzen, sich ausliefern, fließen, Einheit, Vereinigung. Das alles ist lieben.«

Timothy Leary, Ph. D.
Psychologe[162]

---

[162] aus: *Die Politik der Ekstase*. Hamburg, Wegner Verlag, 1970.

Wem gehört welche Psychose?

LSD erzeugt psychotisches Verhalten in denen, die es nie genommen haben!

Terence McKenna
Autor, Visionär, Ethnobotaniker[163]

---

[163] Originalbeitrag (verfaßt am 6. Oktober 1991 zum 25jährigen Jubiläum der Illegalisierung von LSD). Terence bezieht sich auf einen bekannten Ausspruch von Timothy Leary.

Ekstase – ΕΚΣΤΑΣΙΣ

»Ich kreiere Ekstase in meiner Welt, ich bin doch ein Sternenkind, der reinste Superheld. Also, ich möchte gerne zurück zu Gott, und ich möchte meine Seele nicht verlieren, sei es durch einen atomaren Zusammenbruch hier oder durch eigene innere Bosheit oder so. Deswegen möchte ich so vielen Leuten wie möglich davon erzählen, daß dieser Tag bald kommt. Alle diejenigen, die noch nie LSD genommen haben, werden an diesem Tag LSD kriegen, denn es wird vom Himmel herunterregnen: Eine himmlische Droge.«

Nina Hagen
Sängerin[164]

---

[164] aus: *Tänzerinnen zwischen Himmel und Hölle*, Der Grüne Zweig 135, S. 222f.

Der Schamane

»LSD-Schamane wird nur, wer von dem Molekül dazu berufen wird. Das LSD-Molekül erfaßt und durchrüttelt ihn und zwingt ihn in psychotische und schizoide Zustände. Er geht an diesem Zwang zugrunde oder erkennt ihn und beginnt zu schamanisieren. Obwohl das LSD-Molekül auch außerhalb des Menschen existiert, wird es doch nur in ihm wirksam, indem es Bilder seiner Psyche aktiviert und sein Ich manifestiert. . .«

Elcid Hedd
Alchemist[165]

---

[165] aus: *Rausch und Erkenntnis.* München: Knaur, 1986, S. 167.

Ein unschätzbarer Gefährte

Wer mehr will als einen flüchtigen Blick durch das Fenster bloßer Anschauung zu erhaschen, wer also die Welt durch die »Pforten der Wahrnehmung« selbst betreten will, sie mit allen Sinnen und Nervenfasern in sein eigenes, inneres Universum integrieren will, der hat mit LSD einen unschätzbaren Gefährten für dieses Abenteuer gefunden. Einen Gefährten, der die Erinnerung an die mystische Einweihung am Anfang kultureller Erfahrung ebenso zu Bewußtsein bringt, wie die Vision eines zukünftigen Lebens, jenseits kultureller Zwänge, eines Lebens, das noch wilder, freier und schöner sein kann, als wir es je zu träumen wagten.

Ossi Urchs
Autor, Regisseur[166]

---

[166] Originalbeitrag.

Gottes Wille oder So wie wir sind

»Zusammenfassend läßt sich sagen, daß die Bewußtseinsverändernden Drogen verblüffende Eigenschaften Besitzen, und LSD in dieser Beziehung alle anderen Drogen übertrifft. Aber Drogen sind keine Zaubermittel, noch sind sie Gottes Wille oder ein Getränk des Teufels. Sie sind eine Tatsache, das ist alles.

Wenn LSD in dem einen himmlische Visionen erzeugt, Höllenqualen in den anderen, Furcht bei denjenigen, der die Droge nie genossen hat, Sorge um die Gegenwart und Zukunft bei den meisten – vielleicht liegt es dann an dem Erlebenden selbst, daß die Wirkungen sich so sehr widersprechen, und nicht an der Droge. Der Talmud spricht das klar und deutlich aus: *Wir sehen die Dinge nicht wie sie sind – wir sehen sie, wie wir sind.*«

John Cashman
Reporter[167]

---

[167] aus: *LSD: Die »Wunderdroge«* (engl. *The LSD Story*). Frankfurt/M., Berlin: Ullstein, 1967, S. 157.

Mein Vermächtnis

»Wenn man lernen würde, die Fähigkeit von LSD, unter geeigneten Bedingungen visionäre Erlebnisse hervorzurufen, in der medizinischen Praxis und in Verbindung mit Meditation besser zu nutzen, dann könnte es, glaube ich, von einem Sorgenkind zum Wunderkind werden.«

»In der Möglichkeit, die auf mystisches Erleben einer zugleich höheren und tieferen Wirklichkeit ausgerichtete Meditation von der stofflichen Seite her zu unterstützen, sehe ich die eigentliche Bedeutung von LSD. Eine solche Anwendung entspricht ganz dem Wesen und Wirkungscharakter von LSD als sakraler Droge.«

Dr. Dr. hc mult. Albert Hofmann
Chemiker, Naturphilosoph,
LSD-Entdecker[168]

---

[168] aus: *LSD – Mein Sorgenkind.* Stuttgart: Klett-Cotta, 1979, S. 9, 230; Albert Hofmann sagte zu diesem Zitat, daß es sein Vermächtnis an die Menschheit sei.

Natürliche Droge

»LSD-ähnliche körpereigene Moleküle bringen uns Visionen und Erleuchtung. Enge Verbindung zu den Endorphinen, zu Serotonin und zu Dopamin; sie lassen Tag- und Nachtträume entstehen.«

Dr. Joseph Zehentbauer
Allgemeinarzt, Psychotherapeut[169]

---

[169] aus: *Körpereigene Drogen.* München, Zürich: Artemis & Winkler, 1992, S. 73.

Schwanger?

»Ich persönlich habe nie eine psychoaktive Droge während Empfängnis, Schwangerschaft und Geburt genommen. Doch gibt es viele schwangere Botanikerinnen, Hebammen und Kräuterfrauen, die es tun würden und die es tun. [...] horche auf dein Herz im Gehirn, auf die Bewegungen darin, deine *Gefühle*. Wenn du dich gut fühlst, mit deinem Baby auf Trip zu gehen (das Baby bekommt eine kräftigere Dosis ab, gemessen am geringen Körpergewicht und Körpermaß), dann triff eine *wissende* Entscheidung. Bezieh dich auf die Wissenschaft, deine eigene Erfahrung und Informationen, die aus allen möglichen Quellen kommen können. LSD ist wunderbar, und für einen Fötus muß es ganz besonders wunderbar sein – aber ist es gefährlich?«

Jeannine Parvati
Hebamme, Kräuterfrau, Autorin[170]

---

[170] aus: *Hygieia: A Woman's Herbal.* Berkeley: A Freestone Collective Book, 1978, S. 81.

Kein physischer Tod

»In den Akten taucht kein einziger Fall auf, in dem jemand wegen LSD eine Herzattacke erlitten hätte. Der Körper funktioniert weiter, wie wunderlich einem das auch in dem Zustand vorkommen mag... ohne daß man darauf achtgeben müßte. Und sämtliche Kritiker müssen zugestehen: *Bis jetzt konnte noch kein Tod eines Menschen direkt dem LSD zugeschrieben werden.* .«

Peter Stafford
Autor[171]

---

[171] aus: *Enzyklopädie der psychedelischen Drogen*, Linden: Volksverlag, 1980, S. 70.

Intelligenzsteigerung

»Das Potential für eine neurologische Revolution – planetarische Intelligenzsteigerung – sollte jedem einsichtig sein, der auch nur einen Hauch von Erfahrung mit so primitiven Psychedelika wie LSD hat. Bezeichnenderweise ist es so gut wie unbekannt, daß das längste Einzelprojekt mit LSD, das in den sechziger Jahren im Spring Grove Hospital, Maryland, durchgeführt wurde, einen durchschnittlichen zehnprozentigen Anstieg allein des linearen IQ nachwies, abgesehen von Metaprogrammierungsaspekten und neurogenetischer Erleuchtung, die von einer LSD-erfahrenen Gegenkultur und ihren Gurus schon lange verkündet wurden.«

                                        Robert Anton Wilson
                                        Schriftsteller, Illuminat[172]

---

[172] aus: *Der Neue Prometheus: Die Evolution unserer Intelligenz.* Basel: Sphinx, 1985, S. 287.

Die Renaissance

»Eine unerwartete Renaissance erlebt offenbar die Modedroge der sechziger und siebziger Jahre: LSD. Interpol jedenfalls registrierte im Jahr 1990 eine 'signifikante Steigerung der Verfügbarkeit'. Allein in Großbritannien wurden in jenem Jahr 295 000 Trips sichergestellt gegenüber nur 146 000 im Vorjahr.«

Stefan Wichmann
Wirtschaftsexperte, Autor[173]

---

[173] aus: *Wirtschaftsmacht Rauschgift.* Frankfurt/M.: Fischer , 1992, S. 66.

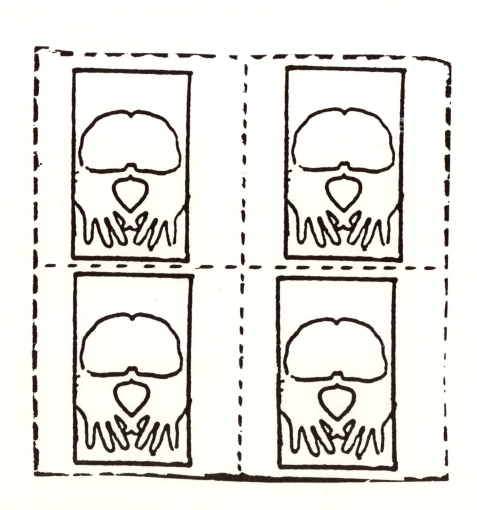

LSD-BIBLIOTHEK

Es gibt inzwischen weit über 10. 000 wissenschaftliche Publikationen zu LSD. Hinzukommen ungezählte literarische Verarbeitungen (vom simplen Erfahrungsbericht bis hin zu klassischer Literatur-Avantgarde). Die Anzahl an Zeitungsmeldungen, Artikeln in der Boulevard-Presse, Rundfunk- und Fernsehbeiträgen wird sicherlich die Hunderttausend überschreiten. Kein Mensch, selbst der ausgekochteste Sammler und Archivar – kann diese Masse noch überblicken, geschweige denn zusammentragen. Die berühmte, z.Zt. in Kartons verpackte und eingaragete Fitz Hugh Ludlow-Library enthält einen wahren Schatz an seltenen Publikationen. Leider ist der Schatz ungehoben; seine Zukunft ungewiß. Die ALBERT HOFMANN FOUNDATION versucht in Los Angeles eine Bibliothek aufzubauen, in der alle Publikationen versammlt werden sollen. Wahrscheinlich ein (noch) utopischer Traum. Ich selbst sammle seit über zehn Jahren ALLES was irgendwie mit LSD zu tun hat. Dabei bin ich auf so manche Kuriosität gestoßen. Es versteht sich aber von selbst, daß diese hier publizierte LSD-Bibliothek nur eine gewisse Essenz darstellt. Manche publizistische Bereiche, etwa die Polemik gegen LSD, wären zwar reizvoll als Dokumentation, sind letztlich aber unergiebig, da es nicht um LSD als Substanz und den Rausch als Erfahrung geht, sondern um billige Vorurteile und politische Haßtiraden.

Bibliographische Notiz

Die erste chemische Erwähnung des LSD befindet sich auf Seite 964 des am 31. März 1943 publizierten Artikels

STOLL, A. & HOFMANN, A.
1943 »Partialsynthese von Alkaloiden vom Typus des Ergobasins«. *Helvetica Chimica Acta* XXVI: 944-965

Die erste Publikation der ersten LSD-Erfahrung (Laborbericht vom 22.4.1943) befindet sich auf den Seiten 1-2 des Artikels

STOLL, W. A.
1947 »Lysergsäure-diäthylamid, ein Phantastikum aus der Mutterkorngruppe«. *Schweizer Archiv für Neurologie und Psychiatrie* Bd. LX: 1-45

1949 zogen erstmals sowohl der Entdecker des LSD als auch sein Werk in die Weltliteratur ein. In dem Roman *Heliopolis* von Ernst Jünger wird ein Drogenforscher charakterisiert, der durchaus an Albert Hofmann erinnert. In dessen Bibliothek befand sich »eine Arbeit von Hofmann-Bottmingen über die Phantastica des Mutterkorns.« (S. 273)

Das erste wissenschaftliche Symposion über LSD in den USA wurde von der American Psychiatric Association am 12. Mai 1955 abgehalten und anschließend publiziert:

CHOLDON, Louis (Hg.)
1956 *Lysergic Acid Diethylamide and Mescaline in Experimental Psychiatry.* New York, London: Grune & Stratton

Die erste Publikation einer vollständigen Erfahrung mit einer LSD-unterstützten Therapie stammt von einer Frau:

NEWLAND, Constance A.
1964 *Abenteuer im Unbewußten: Das Experiment einer Frau mit der Droge LSD.* München: Szczesny [ungekürzte Übersetzung der amerikanischen Originalausgabe *My Self and I.* New York: Coward-McCAnn]

Die erste positive Darstellung in deutscher Sprache von psychedelischen Drogen, inklusive LSD war das Buch von Ronald Steckel (1969). Die frühesten psychiatrischen Arbeiten stammten von Hanscarl Leuner.

Zu Albert Hofmanns 80. Geburtstag erschien von seinen Freunden die Festschrift *Gateway to Inner Space*, zunächst nur auf Englisch bei Prism Press. 1992 erschien die Festschrift für Albert Hofmann in überarbeiteter und erweiterter Fassung auf Deutsch: *Das Tor zu inneren Räumen* (beiden Bücher wurden von mir herausgegeben.)

Ob zum Jubiläum *50 Jahre LSD-Erfahrung* noch andere Publikationen erscheinen ist unbekannt, möglich, aber eher ungewiß. Lediglich die Autobiographie von Albert Hofmann *LSD – Mein Sorgenkind* wird im Frühjahr wieder aufgelegt.

Auswahl-Bibliographie

Sicherlich wird der ein oder andere Leser denken, wieso ist dieses und jenes Werk hier nicht verzeichnet. Aber diese Auswahl ist genauso subjektiv wie jede LSD-Erfahrung. Die wichtigsten Bücher zum Einstieg sind **fett** gesetzt.

SACHBÜCHER UND WISSENSCHAFTLICHE ARBEITEN

AARONSON, Bernard & Humphrey OSMOND (Hg.)
1970 *Psychedelics.* New York: Anchor Books

ABRAHAM, Ralph, Terence McKENNA & Rupert SHELDRAKE
1992 *Trialogues at the Edge of the West.* Santa Fe, New Mexico: Bear & Co. Publ.

ABRAMSON, Harold A. (Hg.)
1970 *The Use of LSD in Psychotherapy and Alcoholism.* Indianapolis: Bobbs-Merrill

ALEXANDER, Marcia
1967 *The Sexual Paradise of LSD.* North Hollywood: Brandon

BAKER, John R.
1989 *The Emergence of Culture: A General Anthropological Approach to the Relationship Between the Individual and His External World.* Hamburg: diss. MS

BARBER, Theodore Xenophon
1970 *LSD, Marihuana, Yoga, and Hypnosis.* Chicago: Aldine.

BARRON, Frank
1967 *Creativity and Personal Freedom.* Princeton: New Jersey: Van Nostrand

BAUMANN, Peter
1986 »'Halluzinogen'-unterstützte Psychotherapie heute«. *Schweizerische Ärztezeitung* 67(47): 2202-2205

BISHOP, Malden Grange
1963 *The Discovery of Love: A Psychedelic Experience with LSD-25.* New York: Torquil

BISCHOFF, William H.
1966 *The Ecstasy Drugs.* Delray Beach, FL: University Circle Press

BLUM, Richard et al.
1965 *Utopiates: The Use and Users of LSD 25.* London: Tavistock Publications

BRAU, Jean Louis
1968 *Histoire de la drogue.* Paris: Tchou
1969 *Vom Haschisch zum LSD.* Frankfurt/M.: Insel Verlag

BRINKMANN, R.D. & R.R. RYGULLA (Hg.)
1969 *Acid: Neue amerikanische Szene.* Darmstadt: März Verlag

BUSCH, A. K. & W. C. JOHNSON
1950 »LSD-25 as an Aid in Psychotherapy« *Disease of the Nervous System* 11: 241-243

CASHMAN, John
1967 *LSD: Die "Wunderdroge".* Frankfurt/M., Berlin: UllsteinCLARK, Walter Houston
1969 *Chemical Ecstasy: Psychedelic Drugs and Religion.* New York: Sheed and Ward

COHEN, Sidney
1966 *The Beyond Within: The LSD Story.* New York: Atheneum

COHEN, Sidney & Stanley KRIPPNER (Hg.)
1985 »LSD in Retrospect« *Journal of Psychoactive Drugs* 17(4)

DeBOLD, Richard C. & R. C. LEAF (Hg.)
1968 *LSD, Man & Society*. Middleton, Connecticut: Wesleyan University Press

DITTRICH, Adolf
1985 *Ätiologie-unabhängige Strukturen veränderter Wachbewußtseinszustände*. Stuttgart: Enke

ESCOHOTADO, Antonio
1990 *Historia de las drogas*. Madrid: Alianza Editorial (3 Bde.)

FERGUSON, Marilyn
1986 *Geist und Evolution*. Goldmann Vlg

GELPKE, Rudolf
1982 *Vom Rausch im Orient und Okzident*. Frankfurt/M., Berlin, Wien: Ullstein (ungekürzte Ausgabe!)

GOLAS, Thaddeus
1979 *Der Erleuchtung ist es egal wie du sie erlangst*. Basel: Sphinx

GRABOI, Nina
1991 *One Foot in the Future: A Woman's Spiritual Journey*. Santa Cruz, California: Aerial Press

GRINSPOON, Lester & James BAKALAR
1981 *Psychedelic Drugs Reconsidered*. New York: Basic Books
1983 (Hg.), *Psychedelic Reflections*. New York: Human Science Press

GROF, Stanislav
1978 *Topographie des Unbewußten*. Stuttgart: Klett-Cotta
1983 *LSD-Psychotherapie*. Stuttgart: Klett-Cotta
1985 *Geburt, Tod und Transzendenz*. München: Kösel
1987 *Das Abenteuer der Selbstentdeckung: Heilung durch veränderte Bewußtseinszustände*. München: Kösel

1988 (Hg.), *Die Chance der Menschheit*. München: Kösel
1989 *LSD und das kosmische Spiel: Grundzüge einer psychedelischen Kosmologie und Ontologie*. BTPJ (ohne weitere Angaben)
1989 *Auf der Schwelle zum Leben*. München: Heyne

GROF, Stanislav & Christina GROF
1984 *Jenseits des Todes: An den Toren des Bewußtseins*. München: Kösel
1990 (Hg.), *Spirituelle Krisen: Chancen der Selbstfindung*. München: Kösel
1991 *Die stürmische Suche nach dem Selbst*. München: Kösel

GROF, Stanislav & Joan HALIFAX
1980 *Die Begegnung mit dem Tod*. Stuttgart: Klett-Cotta

HAAS, Eberhard
1974 *Selbstheilung durch Drogen?* Frankfurt/M.: Fischer

HARTMANN, Richard P.
1974 *Malerei aus Bereichen des Unbewußten: Künstler experimentieren unter LSD*. Köln: DuMont

HÖHLE, Sigi, Claudia MÜLLER-EBELING, Ch. RÄTSCH & Ossi URCHS (Hg.)
1986 *Rausch und Erkenntnis: Das Wilde in der Kultur*. München: Knaur

HOFMANN, Albert
1964 *Die Mutterkorn-Alkaloide*. Stuttgart: Enke
1979 *LSD – Mein Sorgenkind*. Stuttgart: Klett-Cotta
1986 *Einsichten–Ausblicke*. Sphinx Vlg.
1988 »Anwendung von Psychedelica vor dem großen Übergang« in: M. SCHLICHTING & H. LEUNER (Hg.), *2. Symposion über Psychoaktive Substanzen und veränderte Bewußtseinszustände in Forschung und Therapie*: 1-4, Göttingen: ECBS
1992 *Naturwissenschaft & mystische Welterfahrung*. Löhrbach: Werner Pieper's Medienexperimente (Der Grüne Zweig 150)

HORMAN, Richard E. & A. M. FOX (Hg.)
1970 *Drug Awareness: Key Documents on LSD, Marijuana and the Drug Culture.* New York: Avon

HUXLEY, Aldous
1983 *Moksha: Auf der Suche nach der Wunderdroge.* München: Piper

HUXLEY, Laura
1975 *This Timeless Moment: A Personal View of Aldous Huxley.* Millbrae, CA: Celestial Arts

HUXLEY, Matthew
1976 »Criteria for a Socially Sanctionable Drug« *Interdisciplinary Science Review* 1(2): 176-182

JEHLE, Werner/Galerie LITTMANN (Hg.)
1991 *Drogen – Welt in Trance.* Basel: Galerie Littmann

JÜNGER, Ernst
1980 *Annäherungen: Drogen & Rausch.* Frankfurt/M., Berlin, Wien: Ullstein

KA-TZETNIK 135633
1991 *Shivitti: Eine Vision.* München: Kunstmann

KOTSCHENREUTHER, Hellmut
1978 *Das Reich der Drogen und Gifte.* Frankfurt/M. , Berlin, Wien Ullstein

KRIPPNER, Stanley & Don FERSH
1970 »Paranormal Experience Among Members of American Contra-Cultural Groups« *Journal of Psychedelic Drugs* 3(1): 109-114

LEARY, Timothy
1970 *Politik der Ekstase.* Hamburg: Wegner Verlag
1973 *Jail Notes.* New York: Grove
1975 *Gebete: Psychedelische Gebete nach dem Tao-Tê-King.* Amsterdam, Kathmandu: God's Press
1975 *Neurologik.* Löhrbach: Der Grüne Zweig 39
1981 *Neuropolitik.* Basel: Sphinx
1986 *Denn sie wußten was sie tun: Eine Rückblende.* **Basel: Sphinx**
1988 *Über die Kriminalisierung des Natürlichen.* Löhrbach: Der Grüne Zweig 138
1990 *The Politics of Ecstasy* (überarbeitet; Vorwort von Tom ROBBINS). Berkeley: Ronin
1991 *Info-Psychologie.* Basel: Sphinx

LEARY, Timothy, Richard ALPERT & Ralph METZNER
1971 *Psychedelische Erfahrungen.* Weilheim: O. W. Barth Verlag

LEE, Martin A. & Bruce SHLAIN
1985 *Acid Dreams: The CIA, LSD & the Sixties Rebellion.* New York: Grove

LEU, Daniel
1984 *Drogen: Sucht oder Genuss* (3. überarbeitete Aufl.). Basel: Lenos

LEUNER, Hanscarl
1962 *Die experiementelle Psychose.* Berlin: Springer
1981 *Halluzinogene.* Bern, Stuttgart, Wien: Huber

LILLY, John C.
1968 *Programming and Metaprogramming in the Human Biocomputer.* New York: Julian Press
1976 *Das Zentrum des Zyklon: Eine Riese in die inneren Räume.* Frankfurt/M.: Fischer
1984 *Der Scientist.* Basel: Sphinx
1986 *Simulationen von Gott: Spielräume des menschlichen Bewußtseins.* Sphinx

McKENNA, Terence
1991 *The Archaic Revival.* San Francisco: Harper
1992 *Food of the Gods: The Search for the Original Tree of Knowledge.* New York: Bantam

MacKENZIE, Norman
1978 *Träume.* Wiesbaden: Emil Vollmer Verlag.

MARSHALL, William & Gilbert W. TAYLOR
1968 *Psychedelic Ecstasy.* Hollywood, CA: Wilshire Book Co.

MASTERS, R. E. L. & Jean HOUSTON
1966 *The Varieties of Psychedelic Experience.* New York: Dell
1971 *Psychedelische Kunst.* München, Zürich: Knaur

METZNER, Ralph
1968 (Hg.), *Ecstatic Adventure.* New York: Macmillan
1971 *Maps of Consciousness.* New York: Macmillan
1989 »States of Consciousness and Transpersonal Psychology« in: Ronald VALLE & Steen HALLING (Hg.), *Existential-Phenomenological Perspectives in Psychology*, S. 329-338, New York: Plenum Press

NEUMANN, Nicolaus (Hg.)
1970 *Hasch und andere Trips.* Hamburg: Konkret Verlag

NEWLAND, Constance A.
1964 *Abenteuer im Unbewußten: Das Experiment einer Frau mit der Droge LSD.* München: Szczesny

OLVEDI, Ulli
1972 *LSD-Report.* Ffm.: Suhrkamp

PAHNKE, Walter N.
1963 *Drugs and Mysticism: An Analysis of the Relationship Between Psychedelic Drugs and the Mystical Consciousness.* Harvard, Cambridge: diss. MS
1968 »LSD and Religious Experience« in: R. DeBOLD & R. C. LEAF (Hg.), *LSD, Man & Society.* Middleton, Connecticut: Wesleyan University Press

PALMER, Cynthia, Michael HOROWITZ & Ronald RIPPCHEN (Hg.)
1991 *Tänzerinnen zwischen Himmel und Hölle: Frauen erzählen ihre Rausch-Erfahrungen.* Löhrbach: Werner PieDer Grüne Zweig 136

RÄTSCH, Christian
1989 (Hg.), *Gateway to Inner Space.* Bridport, Dorset: Prism Press
1990 *Pflanzen der Liebe.* Bern, Stuttgart: Hallwag
1992 (Hg.), *Das Tor zu inneren Räumen.* Südergellersen: Verlag Bruno Martin
1993 »Andere Welten des Bewußtseins« *Esotera* 1/93: 94-99

RAM DASS [Richard Alpert]
1984 *Schrot für die Mühle.* Knaur Vlg.

ROPP, Robert S. de
1961 *Drugs and the Mind.* NY: Grove
1983 *Das Meisterspiel.* München: Knaur

REAVIS, Edward (Hg.)
1981 *Rauschgiftesser erzählen.* Berlin: Rixdorfer

SANDERS, Lewis
1989 *What a Long Strange Trip Its Been: A Hippy's History of the 60's.* [Denver:] Straight from the Hip Press

SAVAGE, C. , J. TERRIL & D. O. JACKSON
1962 »LSD Transcendence and the New Beginning« *Journal of Nervous and Mental Disease* 135: 425-439

SCHEUCH, Erwin K.
1970 *Haschisch und LSD als Modedrogen.* Osnabrück: Verlag A. Fromm

SCHULTES, Richard Evans & Albert HOFMANN
1980 *The Botany and Chemistry of Hallucinogens* (2nd Edition). Springfield, Ill.: Charles C. Thomas
1987 *Pflanzen der Götter.* Bern, Stuttgart: Hallwag (2. Aufl.)

SCHURZ, Josef
1969 *Vom Bilsenkraut zum LSD.* Stuttgart: Kosmos-Bibliothek 263

SIEGEL, Ronald K.
1989 *Intoxication: Life in Pursuit of Artificial Paradise.* New York: Dutton

SIEGEL, Ronald K.
& Louis Joylon WEST (Hg.)
1975 *Hallucinations: Behaviour, Experience, and Theory*. New York usw.: Wiley

SOLOMON, David (Hg.)
1964 *LSD – The Consciousness-Expanding Drug*. New York: Putnam's

STAFFORD, Peter
1980 *Enzyklopädie der psychedelischen Drogen*. Linden: Volksverlag
1983 *Psychedelics Encyclopedia* (2nd Edition). Los Angeles: Tarcher
1992 *Psychedelics Encyclopedia, Third Expanded Edition*. Berkeley: Ronin

STAFFORD, Peter G. & B. H. GOLIGHTLY
1967 *LSD – The Problem-solving Psychedelic*. New York: Award

STEARN, Jess
1970 *Drogen – Rausch – Revolte*. Genf: Ràmon F. Keller Verlag

STECKEL, Ronald
1969 *Bewußtseinserweiternde Drogen*. Berlin: Voltaire Verlag

STEVENS, Jay
1988 *Storming Heaven: LSD and the American Dream*. New York: Harper & Row

STOLL, W. A.
1954 »Aus der Psychiatrie der Rauschgifte« *Psychiatrie* 1/2:1-15

TAEGER, Hans-Hinrich
1988 *Spiritualität und Drogen*. Markt Erlbach: Raymond Martin Verlag

TART, Charles (Hg.)
1969 *Altered States of Consciousness*. New York usw.: Wiley

VOM SCHEIDT, Jürgen
1984 »LSD« in: Wolfg. SCHMIDBAUER & ders. , *Handbuch der Rauschdrogen*, S. 211-251, Frankfurt/M.: Fischer

WALSH, Roger N.
1982 »Psychedelics and Psychological Well Being« *Journal of Humanistic Psychology* 22(3): 22-32

WATTS, Alan
1965 *The Joyous Cosmology: Adventures in the Chemistry of Consciousness*. New York: Vintage Books
1985 *Dies ist ES*. Reinbek: Rowohlt

WEIL, Andrew
1972 *The Natural Mind*. Boston: Houghton Mifflin
1974 *Das erweiterte Bewußtsein*. Stuttgart: blv
1980 *The Marriage of the Sun and Moon*. Boston: Houghton Mifflin
1986 *The Natural Mind*. (Revised Edition) Boston: Houghton Mifflin
1991 *Was uns gesund macht*. Weinheim, Basel: Beltz

WEIL, Andrew & Winifred ROSEN
1983 *Chocolate to Morphine*. Boston: Houghton Mifflin

WEIL, Gunther M. , Ralph METZNER & Timothy LEARY (Hg.)
1973 *The Psychedelic Reader*. Secaucus, N. J.: Citadel

WELLS, Brian
1973 *Psychedelic Drugs*. Harmondsworth: Penguin

WIDMER, Samuel
1989 *Ins Herz der Dinge lauschen – Vom Erwachen der Liebe: Über MDMA und LSD*. Solothurn: Nachtschatten Verlag
1992 *Im Irrgarten der Lust*. Neu-Allschwil/Basel: Editon Heuwinkel

WILSON, Robert Anton
1985 *Der Neue Prometheus*. Basel: Sphinx
1990 *Sex & Drugs: A Journey Beyond Limits*. Phoenix, AZ: New Falcon Publications

BELLETRISTIK, POESIE, SCIENCE FICTION, TRIVIALLITERATUR

ALBERY, Nicholas
1983 *Generalprobe für das Jahr 2000.* Linden: Volksverlag

ALDISS, Brian W.
1988 *Barfuß im Kopf.* Bergisch-Gladbach: Bastei-Lübbe

DICK, Philip K.
1971 *LSD-Astronauten.* Ffm.: Insel Vlg.

FABIAN, Jenny
1972 *Chemische Romanze.* Frankfurt/M.: Orlando

FABIAN, Jenny & Johnny BYRNE
1972 *Groupie.* Reinbek: Rowohlt

GASKIN, Stephen
1983 *Irrwitzige Dope-Geschichten und Erinnerungen an Haight-Ashbury.* Linden: Volksverlag

GINSBERG, Allen
1982 *Notizbücher 1952-1962.* Reinbek: Rowohlt

HEINLEIN, Robert A.
1980 *Ein Mann in einer fremden Welt.* München: Heyne

HUNTER, Robert
1990 *A Box of Rain: Collected Lyrics.* New York: Viking

JÜNGER, Ernst
1980 *Heliopolis. Sämtliche Werke* Bd. 16. Stuttgart: Klett-Cotta

KESEY, Ken
1979 *Einer flog über das Kuckucksnest.* Frankfurt/M.: Zweitausendeins

KONSALIK, Heinz G.
1984 *Zum Nachtisch wilde Früchte.* München: Heyne (26. Aufl.)

ROBBINS, Tom
1985 *Panaroma.* Reinbek: Rowohlt

SHEA, Robert & Robert Anton WILSON
1978 *Illuminatus!* (3 Bände) Basel: Sphinx

STRICKER, Tiny
1970 *Trip Generation.* Gersthofen: Maro

THOMPSON, Hunter S.
1984 *Angst und Schrecken in Las Vegas.* Reinbek: Rowohlt

VOM SCHEIDT, Jürgen (Hg.)
1970 *Das Monster im Park.* München: Nymphenburger [psychedelische SF-Stories]

WILSON, Robert Anton
1981 *Die Illuminati-Papiere.* Basel: Sphinx
1982 *Schrödingers Katze* (3 Bde.). Basel: Sphinx
1983 *Masken der Illuminaten.* Basel: Sphinx
1984 *Ist Gott eine Droge oder haben wir sie nur falsch verstanden.* Basel: Sphinx
1985 *Cosmic Trigger.* Reinbek: Rowohlt

WOLFE, Tom
1991 *Unter Strom (The Electric Kool-Aid Acid Test).* München: Knaur

LSD-Discothek

Es gibt sicherlich Hunderte oder Tausende von Alben, die von LSD-Erfahrungen inspiriert sind, unter LSD-Einfluß eingespielt wurden oder psychedelische Erfahrungen simulieren bzw. induzieren sollen. An dieser Stelle sollen lediglich die einflußreichsten und meiner Meinung nach bedeutsamsten psychedelischen Alben der Rockgeschichte angeführt werden. Wer sich auf diesem Gebiet vervollständigen möchte, dem seien folgende Publikationen und Discographien empfohlen:

PERRY, Charles
 1984 *The Acid Trip – A Complete Guide to Psychedelic Music.* Babylon Books, distributed by Last Gasp

RÄTSCH, Christian
 1986 »Musique fantastique« & »Discographie« in: *Rausch und Erkenntnis,* S. 307-325, 359-366; München: Knaur

SCULATTI, Gene & David SEAY
 1985 *San Francisco Night: The Psychedelic Music Trip.* San Francisco: St. Martin's Press

SHAW, Greg
 1982 *Greg Shaw's BOMP!* Reinbek: Rowohlt

WALTERS, David
 1990 *The Children of Nuggets: The Definitive Guide to "Psychedelic Sixties" Punk Rock on Compilation Albums.* Ann Arbor, Michigan: Popular Culture

DIE SCHALLPLATTEN & CDS

Sampler
Acid Burns London: Ecstasy (MBC, 1988) – Acid House Music
Acid Dreams (Roxey, n.D.)
Acid Jazz – Collection I + II (Scotti Bros., 1991)
Acid Jazz and Other Illicit Grooves (Polydor, 1988)
Acid Visions (Voxx, n.D.)
The Beginning of Psychedelic Rock (Elektra, 1972)
The Best of & the Rest of British Psychedelia (Action Replay, 1991)
Chocolate Soup For Diabetics, Vol. 1-3 (Relics, 1980ff)
Cicadelic Sixties (Cicadelic, n.D.)
Flower Power (CBS, 1989)
Flower Power II (CBS, 1990)
Gathering of the Tribe: 69 Minutes of Selected Tribalism (TRCD G.O.T.T. 1)
The Great British Psychedelic Trip, Vol. 1 (See for Miles, 1988)
The Great British Psychedelic Trip, Vol. 2 (See For Miles, 1988)
ITM on Acid (ITM, 1990)
Nuggets: Classics from the Psychedelic Sixties (Rhino, 1986)
More Nuggets: Vol. 2 Classics from the Psychedelic Sixties (Rhino, 1987)
OFF II – Hallucinations (Metronome, 1970)
Psychedelic Dreams (Columbia, n.D.)
The Psychedelic Snarls (Bam-Caruso, 1984)
The Psychedelic Years (Knight Records, 1990)
The Psychedelic Years Revisited (Sequel, 1992)
The Psychedelic Years: Music, Dreams & Colours (Stampa Alternativa) – Package m. 1 CD (Grateful Dead, Quicksilver, Jefferson Airplane – Live), m. Posterrepros und einem Büchlein über das Filmore
Rave On (Rough Trade, 1990)
The Rubble Collection: Choice of U. K. Psychotic Freakbeat, Pop-Sike & Full-blown Psychedelia from the Sixties, Rare, Scarce & Undiscovered Gems (6 Vol.) (Bam-Caruso Records, 1986)

San Francisco Nights (Rhino, 1991)
Sound Bites from the Counter Culture (Atlantic, 1990)
Underground & Psychedelic (Elektra, 1969)

Soundtracks & Musicals
The Beatles: Yellow Submarine (Apple, 1969)
Haare (Polydor, 1968) – Deutsche Originalaufnahme
Hair – The Original Broadway Cast Recording (RCA, 1968/1988)
Hair – Original Soundtrack Recording (United Artists, 1979)
Heavy Metal – Music from the Motion Picture (CBS, 1981)
Jesus Christ Superstar (MCA, 1970)
More – Music played and composed by PINK FLOYD (EMI, 1969)
Turn On, Tune In, Drop Out (Mercury, 1967)
The Trip – Psychedelic Music by THE ELECTRIC FLAG (1968)
Wanderwall Music by George Harrison (Apple, 1968)

ACID
Black Car (Giant, n. D.)

THE ACID CASUALTIES
Panic Station (Rhino, 1982)

ACID DRINKERS
Strip Tease (Under One Flag, 1992)

ACID HORSE
No Name, No Slogan (Devotion, 1992)

ALICE IN CHAINS
Dirt (Sony, 1992) – Your drug of choice...

ALTERED STATE
Altered State (Warner, 1991)

AMON DÜÜL II
Yeti (Teldec, 1970)

ANGRY SAMOANS
STP not LSD (Triple X, 1990) – Softcore Punk à la Texas

ANIMAL BAG
Animal Bag (Stardog 1992) – Heavy Metal unter dem LSD-Horusauge

ASH RA TEMPEL
Seven Up, feat. Tim Leary (1972; Spalax, 1991)

ATOM HEART MOTHER
Skin 'em Up... (Rough Trade, n.D.) – 90er Wave Metal

ATROCITY
Hallucinations (RC, 1990) – Death Metal

THE BEACH BOYS
Holland (Reprise, 1972)

THE BEATLES
Revolver (EMI, 1966)
Magical Mystery Tour (EMI, 1967)
Sergeant Peppers Lonely Hearts Club Band (EMI, 1967)
The White Album (EMI, 1962)

BIG BROTHER & HOLDING COMPANY
Cheap Thrills (CBS,1968)

BLUES MAGOOS
Psychedelic Lollipop (Mercury, ca. 1968)

Eugene Chadbourne
LSD C & W (Fundamental, n.D.) – Country and Western auf Acid!

BLUE CHEER
Vincebus eruptum (Philips, 1968)
Outsideinside (Philips, 1968)
Blue Cheer (Philips, 1969)
Oh! Pleasant Hope (Philips, 1971)
Dining With the Sharks (Rough Trade, 1991)

BRAINTICKET
Cottonwoodhill (Belaphon, n.D.)
Psychonaut (Belaphon, 1972)

Tim Buckley
Dream Letter – Live in London 1968 (Straight, 1990)

Eric Burdon & THE ANIMALS
Winds of Change (MGM, 1967)
The Twain Shall Meet (Polydor, 1968)

THE BUTTERFLY EFFECT
"TRIP" (MNW, 1991)

THE BYRDS
Younger Than Yesterday (CBS, 1967)
Never Before (CBS, 1989) – das »verlorene« erste Album + Bonus Tracks
The Byrds – Compilation (CBS, 1990; 4 CDs)

CAN
Monstermovie (spoon, 1969)
Future Days (spoon, 1989)

CHROME
Dreaming in Sequence (Dossier, 1986)

CLEAR LIGHT
Black Roses (Edsel, 1987)

CLEARLIGHT
Les Contes du Singe Fou (RCA, n.D.)

THE COCOON
Streching Things (What's So Funny About..., 1992)

COUNTRY JOE & THE FISH
Electric Music For the Mind and Body (Vanguard, 1967)

CREAM
Fresh Cream (PolyGram, 1967)
Wheels of Fire (Polydor, 1968)

Donovan
Sunshine Superman (Epic, 1968)

THE DOORS
the doors (Elektra, 1967)
the doors IN CONCERT (Elektra, 1991)

DROP ACID
Making God Smile (Restless, 1991)

THE DUKES OF STRATOSPHEAR
[Pseudonym für **XTC**]
Chips From the Chocolate Fireball (Virgin, 1987)

Ian Dury
New Boots and Panties!! (Stiff, 1977) – Sex & Drugs & Rock 'n Roll

Bob Dylan
Greatest Hits (1967); enthält die LSD/Dope-Hymne »Rainy Day Women«

THE EYES OF MIND
Tales of the Turquoise Umbrella (Voxx, 1984)

FAUST
Faust (Polydor, 1971)
Seventy One Minutes of Faust (ReRf1CD, n.D.) – Compilation 1971-1975

Kim Fowley
Bad News From the Underworld (Lolita, 1985)

FREAKY FUKIN' WEIRDOZ
Senseless Wonder (BMG, 1992)

Allen Ginsberg
The Lion For Real (Island, 1989)

GONG
Flying Teapot (Charly, 1973)
You (Virgin, 1974)
Shamal (Virgin, 1975)
Planet Gong Live Floating Anarchy 1977 (Charly, 1978)
Camenbert Electrique (Charly, 1979)

THE GRATEFUL DEAD[174]
The Grateful Dead (1967)

---

[174] Im Grunde genommen müßten hier *alle* Dead Alben aufgelistet werden, aber das wäre schon eine eigene Discographie. Vgl. dazu *Masters of Rock: Psychedelic '60s*, Issue 7, 1992.

Anthem of the Sun (Warner Bros., 1968)
Aoxamoxoa (Warner, 1971)
Live/Dead (Warner Bros., 1973)
Shakedown Street (Arista, 1978)
Without a Net (Arista, 1990)
Infrared Roses (Grateful Dead Records, 1991) – vielleicht die psychedelischste Aufnahme...

GROUP 1850
Agemos's Trip To Mother Earth (Philips Holland, 1968)

GURU GURU
Ufo (Ohr, 1970)
Don't Call Us (We Call You) (Atlantic, 1973)
Live (Brain, 1978)
Hey Du (Brain, 1979)

H. P. LOVECRAFT
At the Mountains of Madness (Philips, 1968)

HAPSHASH AND THE COLOURED COAT
Featuring the Human Host and the Heavy Metal Kids (Drop Out Records, 1987, org. 1967) – erste Nennung von »Heavy Metal«

HAWKWIND
Hall of the Mountain Grill (EMI, 1974)
Levitation (CAstle, 1987) – Ginger Baker an den Drums!
Quark, Strangeness & Charm (Virgin, 1989)
Acid Daze (Receiver, 1990) – Compilation
Palace Springs (Roadrunner, 1991)
California Brainstorm (Iloki, 1992)
Electric Teepee (Castle, 1992) – das Album beginnt mit dem Stück »LSD«

Jimi Hendrix/
THE JIMI HENDRIX EXPERIENCE
Are Your Experienced? (Reprise, 1967)
Electric Ladyland Polydor, 1969)
Jimi Plays Monterey (Polydor, 1986) – Jimi spielt auf LSD

THE HOLLIES
Evolution (EMI, 1967)

THE HUMAN BEINZ
Nobody But Me (Capitol, 1968)

THE INCREDIBLE STRINGBAND
The 5000 Spirits or The Layers of the Onion (WEA, 1967)

IRON BUTTERFLY
In-A-Gadda-Da-Vida (Atlantic, 1968)

JEFFERSON AIRPLANE
Surrealistic Pillow (RCA, 1967)
Jefferson Airplane (CBS, 1989) – Reunion
Jefferson Airplane Loves You (RCA, 1992) – Compilation

KALEIDOSCOPE
Bacon From Mars (Edsel, 1970)

Timothy Leary
You Can Be Anyone This Time Around (Ryko, 1993) – Reissue, mit Jimi Hendrix am Bass...

LIFE SEX & DEATH
The Silent Majority (Reprise, 1992)

LORDS OF ACID
Lust (Caroline, 1991)

LOTHAR AND THE HANDPEOPLE
This Is It, Machines (See For Miles Records, 1991)

LOUD SUGAR
Loud Sugar (SBK, 1991)

MAD RIVER
Masterpiece (EMI, ca. 1968)
Paradise Bar and Grill (Edsel, 1969)

MAN
Be Good To Yourself At Least Once a Day (United Artist, 1972)

MC 5
High Time (Atlantic, 1971)

MIND FUNK
Mind Funk (Epic, 1991)

MINISTRY
'Twitch' (Sire-Warner, 1986) – noch typisch Acid House/Industrial
The Mind is a Terrible Thing to Taste (Sire-Warner, 1989)
KHFALIQU *(Pslam 69)* (Sire-Warner, 1992) – der Durchbruch
Just One Fix (Sire-Warner, 1992) feat. William S. Burroughs!!!

MONSTER MAGNET
Monstermagnet (Glitterhouse, 1990)
25 – TAB (Glitterhouse,1991)
Spine Of God (Glitterhouse, 1992)
Evil (Glitterhouse, 1992)

MOTHERS OF INVENTION
Freak Out! (Verve, 1966)

MUDHONEY
Superfuzz Bigmuff (Subpop, n. D.)

NEKTAR
Sunday Night At London Roundhouse – Live (Bellaphon, 1974)

Ted Nugent & THE AMBOY DUKES
The Ultimate Collection (Dunnhill, 1987)

Laura Nyro
Eli and the Thirteenth Confession (Tuna Fish, 1967)

OCTOPUS
Restless Nicht ...Plus (See For Miles Records, 1991) – Classic Psychedelia

THE OPEN MIND
Album (Philips, 1969)

OVERWHELMING COLORFAST
Overwhelming Colorfast (Relativity, 1992)

PEARLS BEFORE SWINE
One Nation Underground (Base, 1967)

PINK FLOYD
The Piper At the Gates of Dawn (EMI, 1967)
A Saucerful of Secrets (Harvest, 1969)
Ummagumma (EMI, 1969)

"Atom Heart Mother" (EMI, 1970)
The Wall (EMI,1979)

The Pretty Things
S. F. Sorrow (EMI, 1968)
Parachut (EMI, 1970)
Out of the Island (inak 1987) – neue »Loneliest Person/L.S.D.«-Version

PRIMAL SCREAM
Come Together (Sire, 1990)
Screamadelica (Creation, 1991)

THE PURPLE GANG
Granny Takes a Trip (Transatlantic, 1968)

QUICKSILVER MESSENGER SERVICE
Sons Of Mercury (BEST OF) (RHINO, 1991)

RAUSCH
Rausch (HeartBeat, 1989/Phonogram '92)
The Indi-A-Collection (Phonogram, 1990)
Glad (Phonogram, 1991)
Good Luck (Phonogram, 1992)

R. K. L. – RICH KIDS ON L. S. D.
Greatest Hits (Destiny, 1988) – Hard Core Punk

THE ROLLING STONES
Aftermath (Decca, 1966)
Their Satanic Majesties Request (Decca, 1968)

SANTANA
Viva Santana! (CBS,1988) *Die* Kompilation

SHAMEN
Boss Drum (Rough Trade, 1992) – feat. Terence McKenna!

SLOVENLY
Highway to Hanno's (SST, 1992)

SMASHING PUMPKINS
Peel Sessions (Hut Records, 1992) – enthält »A Girl Named Sandoz«

SOLITAIRE
Altered States (Aris-MG Ariola, 1990)

SOWITH CAMEL
The Miraculous Hump Returns From the Moon (Reprise, 1973)

SPACE COWBOYS
Locked 'n Loaded (Rough Trade, 1992)

SPIRIT
Tvelve Dreams of Doctor Sardonicus (CBS, 1970)

STEAMHAMMER
Mountains (B & C, 1971)
Speech (B & C, 1972)

SYSTEM 01,
feat. Timothy Leary
"From Psychodelics to Cybernetics" (Interfisch, 1990)

TANGERINE DREAM
Zeit (Brain, 1972)
Alpha Centauri – Atem (Brain, 1973)

TEN YEARS AFTER
Stonedhenge (Deram,1969)

13TH FLOOR ELEVATORS
The Collection (Charly Records, 1991)

TRAFFIC
Smiling Phases (Island, 1991) – Compilation ihrer Acid Rock Phase

TROUBLE
Manic Frustration (Def American, 1992)

Tina Turner
Acid Queen (United Artists, 1975)

THE UNITED STATES OF AMERICA
THE UNITED STATES OF AMERICA (CBS, 1968) – »The united states of consciousness«

VALENTINE SALOON
Super Duper (Pipeline, 1992)

VANILLA FUDGE
Renaissance (Atlantic, 1968)

VOODOO CHILD
Acid Tales and Mermaids (Aftermath Records, 1986)

WEEN
Pure Guava (Elektra, 1992)

WHITE NOISE
An Electric Storm (Island, 1969)

THE WHO
Magic Bus (Decca, 1968)
Tommy (Polydor, 1970) – Originalfassung)
Tommy (Ode, 1972) – Orchesterfassung (London Symphonie Orchestra)
Tommy (Polydor, 1975) – Soundtrack des Kinofilms
Join Together (Virgin, 1990) – aktuelle Fassung von *Tommy* für Rockband (Live Recording!)

YES
Relayer (Atlantic, 1974)
Big Generator (Atco, 1987)

THE ZOMBIES
Odyssey and Oracle (Repertoire, 1992, org. 1967/68)

REEDUCATION

Diese Edition des GRÜNEN ZWEIGES ist eine Reaktion auf den Mauerfall 1989. Es ist uns klar, daß wir mit unserem Programm, unserem Aussehen und unserer täglichen Praxis für NeuBundesrepublikaner kaum begreifbar sind. Großgeworden nach dem Krieg, umerzogen durch amerikanische Re-Education, die sich durch Rockmusik und Psychedelik verselbständigt hat, erschienen wir, anarchistische Hippies mit spiritueller Selbstverantwortung, schon in der alten BRD wie Mutanten. So haben wir uns entschlossen, eine kleine, feine Edition grundlegender Texte unserer Kultur, mit besonderem Gewicht auf bewußtseinserweiternde Methoden, herauszugeben.

VON UND FÜR MUNTERE MUTANTEN UND KREATIVE CHAOTEN.
Kostengünstig (nur für Buchhändler sind 5-Mark-Produkte ein Greuel, sie erzählen oft, daß es den Verlag nicht mehr gibt, die Publikation vergriffen sei etc., weil sie an diesen Heften nichts verdienen), auch direkt beim Verlag zu beziehen.
Die Edition RE/EDUCATION erscheint als SubSerie des GRÜNEN ZWEIGES als A JOINT VENTURE mit dem Nachtschatten-Verlag aus der Schweiz.

DER GRÜNE ZWEIG

● ●

- 39 TIMOTHY LEARY: Neurologic*
- 80 TIM LEARY (Hrsg.): Höhere Intelligenz & Kreativität
- 125 TONY BÜHRER: Haschisch Studie
- 135 TERENCE McKENNA: Plan – Pflanze – Planet
- 138 TIM LEARY: Zur Kriminalisierung des Natürlichen
- 150 ALBERT HOFMANN: Naturwissenschaft u. mystische Welterfahrung
- 158 RALPH METZNER: Sucht und Transzendenz
- 160 ALEXANDER SHULGIN: Drogen/Politik
- 161 BILL LEVY: Politische Pornos
- 163 MCKENNA/PIEPER: Die süßeste Sucht, Zucker als Killerdroge*
- 167 TIM LEARY: Das GeneRationenSpiel**
- 168 PAUL WILLIAMS: Über Philip K. Dick

● ●

In der neuen Reihe EDITION RAUSCHKUNDE:

Pieper/Davis: Die psychedelischen Beatles
Ministerium für Gemeinwohl: Die niederländische Drogenpolitik
Bundesgesundheitsministerium: Das neue Betäubungsmittelgesetz
F. v. Bibra: Haschisch Anno 1855

● ●

Alle Hefte jeweils 28–36 Seiten, je 5 DM (außer * 64 Seiten, 10 DM, ** 44 Seiten, 7 DM) plus 2 DM Porto pro Bestellung. Unseren prallen Gesamtkatalog mit vielen Büchern, Cassetten, Stempeln, Videos etc. gibt's gegen 2 DM in Briefmarken bei:

WERNER PIEPER'S MEDIENXPERIMENTE • D-69488 LÖHRBACH

Werner Pieper's
MEDIEN-XPERIMENTE

Dr. Christian Rätsch
HANF ALS HEILMITTEL
Der Grüne Zweig 154

Seit mindestens 6000 Jahren wird der Hanf (Cannabis) gleichermaßen als Faserlieferant, als Nahrung und Genußmittel kulturell genutzt. Aber auch seine vielseitigen medizinischen Qualitäten wurden früh entdeckt. In der modernen medizinischen und pharmakologischen Forschung werden nun seine früheren und ethnobotanischen Anwendungen getestet und größtenteils bestätigt.
»Vor dem Hintergrund des fundamentalistischen Drogenkriegs liest sich diese Hanf-Dokumentation wie eine schaurige Groteske – angesichts thüringischer Samen aus der Jungsteinzeit wird nicht nur das Gerede von der ›kulturfremden Droge‹ zur Farce ...« Rolf Achteck, taz
ISBN 3-925817-54-9, 192 Seiten
25 DM 27 SFR 230 ÖS

Christian Rätsch
KINDER DES REGENWALDES
Über das Leben der Lakandonen-Indianer
Der Grüne Zweig 157

»Der Regenwald verschwindet...« Bei solchen Meldungen denken wir an Bäume, den Urwald, Klimaveränderungen und das Ozonloch. Was aber geschieht mit den Menschen, die dort leben?
Christian Rätsch, Ethnologe, hat über zwei Jahre bei den Lakandonen im südamerikanischen Regenwald gelebt. Im vorliegenden Buch beschreibt er das Leben und Wachsen der Kinder im Grünen.
ISBN 3-925817-57-3, 96 Seiten
17,50 DM 18.50 SFR 150 ÖS

Ronald Rippchen Hrsg.
ZAUBERPILZE
Der Grüne Zweig 155

Unser erstes Buch über halluzinogene Pilze von B. Vetterling wurde indiziert. Das zweite von H. v. Leistenfels ist inhaltlich nicht mehr haltbar. Also hat der taz-Kolumnist Ronald Rippchen ein Pilz-Buch für die 90er verfaßt. Herausgekommen ist dabei das weltweit umfassendste Buch über psychoaktive Pilze! Hier findet man alles über:
• Kulturgeschichte, Botanik, Chemie, Beschreibung der Arten, Speisepilzkultivierung, Ernte, Dosierung, Einnahme
• Erfahrungsberichte aus Forschung und Freizeit
• Der Pilz in Religion, Literatur, Film, Comix, Un-Recht und im kollektiven Unbewußten.
Zu den AutorInnen gehören: Dr. Albert Hofmann, Christian Rätsch, Terence McKenna, Tim Leary, Jochen Gartz, Maria Sabina, Herrmann von Leistenfels, Lewis Carroll, Valentina Wasson, Ann Shulgin, Uschlä, Micky Remann, Werner Pieper, Rüdiger Böhm und Martin Haseneier. Dazu Illustrationen von Martin Haseneier und Kat Harrison, sowie ein großer Bilderteil diverser Zauberpilze.
»... Einige unserer einheimischen Pilze, wie z.B. der Spitzkegelige Kahlkopf (Psilocybe semilanceata), enthalten dieselben Wirkstoffe wie die berühmten mexikanischen Zauberpilze. Diese können genauso wie jene farbenprächtige Visionen einer anderen, höheren oder wirklicheren Wirklichkeit vermitteln. Sie können Fragen beantworten, Lösungen liefern und das Leben des einzelnen mit Sinn erfüllen. Sie können aber auch die Abgründe der eigenen Seele in Form von Dämonen und Horrorgestalten offenbaren.«
ISBN 3-925817-55-7, 240 Seiten
30 DM 32 SFR 275 ÖS
Über 100 Abbildungen!
Außerdem weiterführende Literaturangaben und Bezugsquellen.

Albert Hofmann
NATURWISSENSCHAFT & MYSTISCHE WELTERFAHRUNG
Eine Volkspredigt
Der Grüne Zweig 150

Herausragend unter seinen vielen Entdeckungen war die Substanz LSD. In Form einer Volkspredigt schildert der heute über 80jährige in diesem Heft seinen philosophischen Hintergrund. Ergänzung, nicht Ausschluß heißt die Devise: »Was ist wahr, das Bild der Wirklichkeit, das uns die Naturwissenschaften erschließen, oder jenes, das der Mystiker in seiner Schau erlebt? So kann man nur fragen, wenn man meint – und das ist wohl die allgemein vorherrschende Meinung – Naturwissenschaft und mystische Welterfahrung würden sich erkenntnismäßig ausschließen. ....« Albert Hofmann
ISBN 3-925817-50-6, 28 Seiten
5 DM 7 SFR 45 ÖS

Unseren prallen **Gesamtkatalog** mit vielen Büchern, Cassetten, Stempeln, Videos u.v.a.m. gibt's gegen 2 DM in Briefmarken bei:

Werner Pieper's
MEDIENEXPERIMENTE
D-69488 LÖHRBACH
Telefon 06201 / 65791
Telefax 06201 / 22585